凌徹——著

# 聖靈守護之地

# 【導讀】從神的犯罪到人的犯罪：凌徹的推理拓荒之路

文／陳國偉（國立中興大學台灣文學與跨國文化研究所副教授）

二〇一三年五月，台灣書市出現了一本有著詭譎黑色封面的長篇推理小說，作者的名字對許多年輕推理讀者有些陌生，故事講述著一個會將委託人殺害的偵探社，以及一篇記載著偵探即將殺害委託人的小說，更神秘的是，這篇小說的作者竟然真的成為兇手，並且在殺人後自殺。這本有著離奇謎團、結構複雜的作品，就是凌徹的《殺人偵探社》，而這是他出道十七年後，出版的第一本推理小說。

這個對很多人來說彷彿才初登場的作者，其實對台灣五、六年級世代、特別是長期關注《推理》雜誌的推理迷來說，早就是耳熟能詳的。一九九六年九月，他以亞特為名，在《推理》雜誌發表了第一篇作品，中篇小說〈列車密室消失事件〉；將近一年半後，他更換筆名為凌徹，在一九九八年一月發表了第二篇同為中篇的〈重力違反殺人事件〉（發表時由雜誌更名為〈反重力殺人事件〉），此後便一直使用這個筆名。但接下來他又沉寂了數年，直到二〇〇四年他才開始陸續在《野葡萄文學誌》、《挑戰者月刊》、《Mystery》等刊物與出版品，以每年一篇的速度，分別發表〈白襪〉（二〇〇四年二月）、〈與犬共舞〉（二〇〇五年五－六月）、〈幽靈交叉

點〉（二〇〇六年六月）等作。其中〈幽靈交叉點〉更翻譯成日文，刊登於《ミステリーズ!》二〇〇八年的六月號上。

大概從第二篇開始，凌徹便逐漸發展出他的創作風格，也就是兼具「日常性」與「幻想性」。〈白襪〉、〈與犬共舞〉的故事立足於我們一般人的生活情境，是偏向日常性的作品，但〈重力違反殺人事件〉、〈幽靈交叉點〉則是充滿了強烈的幻想性謎團。像是〈重力違反殺人事件〉中死者被目擊屍體漂浮在半空中，似乎是與飛碟的傳聞有關，而〈幽靈交叉點〉則是在狹窄的巷弄中，機車與汽車在無法閃躲的十字路口交會，但最後竟然相互穿越過去。

這種匪夷所思的幻想性謎團設定，其實與台灣推理小說近廿年的發展息息相關。從日治時期開始，台灣便已出現推理小說的創作，當時主要流行的兩個子類型是完全虛構的「偵探小說」，以及改編自真實案件的「偵探實錄」。然而戰後因為國家文藝政策的推行等大環境因素，推理小說的發展為之停滯，一直到一九八〇年代《推理》雜誌創設，鼓勵本土創作才又再度復甦。雖然當時《推理》雜誌在刊登作品的型態與派別上非常多元，本土作家的本格創作也有不少佳作，但在創辦人林佛兒的理念主導下，以松本清張社會派為代表的寫實主義路線，仍具有重要的主導地位。然而到了一九九〇年代中期，當時二十歲世代的創作者對於此趨勢感到不滿，希望能夠回到本格的路線，當時對他們最有吸引力的學習典範，便是小說謎團具有高度幻想性的島田莊司。

筆者在自己關於台灣推理小說的研究著作《越境與譯徑》中曾梳理過這段歷史，並注意到凌徹在當時也積極參與了這項「本格復興」工程。由於當時台灣出版社引進島田莊司的小說種類相當有限，比較具代表性的只有《占星術殺人事件》、《奇想、天慟》與《斜屋犯罪》，因此在一九九六到一九九七年間，網路上出現許多讀者自行翻譯的作品，像凌徹便陸續翻譯了《出雲傳說7/8殺人》第一章，以及〈某數字的風景〉、〈奔跑的死者〉、〈線鋸與Z型〉等篇，部分發表於當時最活躍的網路介面bbs推理連線版，其他則是由推理迷在私下相互流傳。

此外，凌徹更在翻譯的基礎上，創作了充滿島田莊司風味的〈重力違反殺人事件〉，本以為是超自然現象的事件，最後在系列偵探方揚的偵察下，透過縝密的邏輯性推理予以解謎。日本學界有將受到村上春樹影響的作家稱為「村上的孩子」此一說法，若要數算台灣推理作家中的「島田的孩子」，那最早發表相關風格作的凌徹，當之無愧地可以算是第一個。

不過，相較於後來崛起的台灣創作者，或是透過各種超自然想像以滿足謎團的幻想性，或是受到台日合辦「島田莊司推理小說獎」中島田所提倡的以新科技為核心的21世紀本格啟發，而生產出具有科幻性質的推理創作，不約而同地將小說帶離現實世界。凌徹卻試圖在他的小說世界中，建構出一個可以跟現實密切互動，但仍保有一定程度幻想性的犯罪舞台，他不將謎團與詭計置放於充滿「架空」設定的世界，反而是立足於相當紮實的日常基礎上。這點從他過去的中、短篇作品中已見端倪，〈幽靈交叉點〉裡的街道空間，其實是根據台灣城市的真實條件所設計，若不是在台灣的街道型態中，這個謎團其實是無法成立的。而更重要的是，凌徹並不將他的犯罪型態，設定為人力所難以企及的，也因此他的犯罪者，絕非超越現實極限的「超人」，透過這樣的途徑，貼合回現實。而這樣的一種思維，更是一路延續到《殺人偵探社》，以及這本新作《聖靈守護之地》。

推理小說究其本質，其實是一種努力在制約中尋找出口的類型，它由許多內在規則所建構出來的文體秩序，來對創作者進行書寫的規範。二〇〇〇年以後崛起的台灣推理創作世代，鮮少不受到島田莊司的啟發與制約，然而最大的差異在於，島田莊司的創作，清楚地對應著他背後深刻的本格推理傳統，所有的日本作家不論是要悖離，還是要歸返，終究是有著這樣一個傳統可以與之斡旋。而島田的傑出才能在於，當日本自身已經透過江戶川亂步、橫溝正史、松本清張的接續努力，建構出本格應該遵守的、或應該被顛覆的日本化在地傳統；而島田再度迎來了西方之力，一種重新召喚愛倫坡，但又能作到和洋折衷的魔幻式謎團，用他自己的話來說，是「神話的系譜」，用凌徹曾在評論中的用語，則是「神的犯罪」。也因此，島田莊司作為這個世代創作者精神血緣上的父親，其實帶來的核心問題是：台灣的本格傳統是什麼？這個傳統不能只是西方或日本的純粹模仿物，而應該是真正可以被認可的，一種「台洋折衷」或「台和折衷」的本格傳統，但顯然這個問題，在現階段的台灣推理發展中，還尚未真的被思考與論辯。

然而凌徹現階段的創作實驗，卻已然浮現出專屬於他的特殊書寫位置，一種建立於「日常性上的幻想性」，相當程度地回應了前述的問題。作為台灣推理史意義上的，曾經的「島田的長子」，凌徹其實通過類型敘事秩序上的「離開父者」，也就是放棄島田莊司「神的犯罪」謎團，另起「人的犯罪」式的謎團與詭計，同樣還是在幻想性的基礎上，但卻讓整個類型的內在秩序與敘事結構，走向新的開放性。而我認為這正是寡作質精的凌徹，在這漫長的摸索與拓荒過程中，為台灣推理所找到，新的出路可能。

## 【各界名家好評】

「器官捐贈」向來是普遍大眾容易理解的一樁美意，也是一種讓死去的人持續存在這個世間的替代方式。當大家都只想到美好的一面，卻往往忽略了誰也不願提起的爭議面。

曾經，《見鬼》利用了移植眼角膜而看見不可思議的冥界，創造了恐怖片史上的經典；如今，《聖靈守護之地》也仿效了這樣的議題，大膽挑戰醫學界最不想承認也無法否認的「器官移植記憶論」，當你（妳）與死者成為生命共同體，卻發現他（她）死於非命之時，你（妳）又會為了他（她）做些什麼呢？

這就是推理小說充滿魅力的地方，喜歡本格推理的你（妳），相信會喜歡這部《聖靈守護之地》帶給讀者超越現實卻又純粹本格的推理小說。

——Horror專欄作家／恐怖片達人部落客Littledidi

這是一本放在日推書櫃都毫不遜色的台灣本土創作，作者有溫度的筆觸、悲天憫人的社會關懷，輔以洗鍊直白的文字表達，都讓這個囿因器官移植所衍生的禁忌題材及背後的驚人奇想更顯廣度與縱深。本書出版社有句文案「當《天使心》遇上《PSYCHO-PASS心靈判官》」，頗有感，前者是日劇，後者是動畫，有趣的比喻，而且意思到了，總之，架構完整又兼具閱讀娛樂的推理之作。

——日劇達人小葉日本台

這本科幻小說，談到心臟移植後是否影響到受體的個性和行為？前世的執念，今生是否能夠延續？完全顛覆我過去以為心臟之於人體不過就是如同馬達之於汽車而已。後來聽聞從事移植外科的學長提到，肝臟移植後，有的人的口味改變，原本吃素的突然愛吃牛排，難道捐肝者的意念可由器官來傳遞？人生如夢，有夢最美。我也很想去書中所提的農場或移民火星看看啊！

——外科急診專科醫師／《醫林漫畫》作者王國新

在夢裡被謀殺，為何栩栩如真？從她完成某件事起，就常夢到這個不曾相識的場景和情境，並陸續有人從社會上失蹤或是被殺。火星移民計畫、農場又是什麼？在台灣，對於現實沮喪無力的人，是否有脫離枷鎖、完全重新開始的可能？故事始於似乎靈異又似乎科幻的謎團，驚悚的情結伴隨著冷酷又有道德瑕疵的科學實驗觀點，偵探到底為何對與他無關的謀殺案鍥而不捨？謎團與層層謊言緊密相扣，有如看了一場精采的電影。

——臺灣推理作家協會秘書長李明萱

器官移植，移植的確定僅有器官嗎？作者的論點獨特並令人不寒而慄！

——台北醫學大學推理研究社社長江明修

作者嘗試脫離以往的寫作風格，加入了『科幻』的要素在內，把火星探險、農場培訓，台灣人想上太空的冀望，深深地寫進小說之中。另一方面，以《靈魂的重量》為伏筆衍伸出的《天使心》劇情，探討心靈的交合。兩者間的揉合，產生出令讀者難以想像的結果。

即便如此，它還是一本確確實實地本格推理小說，作者繼續以《殺人偵探社》慣用的筆法，冷硬的作風充斥在字裡行間，似乎又帶點史卡德的感性，塑造出與作者等身的警探角色。到底『冷硬』是否能突破『科幻』又不失『推理』絕對讓人拭目以待！

——推理藏書家許弼善

一點倪匡的味道、一些東野圭吾的風格、作者獨特的創意與貼近的故事背景，造就出這部難得的科幻兼推理小說。

——科幻作家／前中國時報副總經理葉言都

「靈魂的所在——談推理小說中的特殊規則」系列講座，歡迎免費入場參加！

3月21日（一）下午一點：國立東華大學閱讀書寫工作室「理工二館C405」（花蓮縣壽豐鄉志學村大學路二段1號）

3月27日（日）上午十一點：新北市立圖書總館（新北市板橋區貴興路139號1樓活動推廣區）

5月21日（六）下午兩點：金車文藝中心推理講堂（台北市中山區南京東路二段1號3樓）

對於那些逼真的夢境，她感到非常驚恐。

她以前從來不曾在夢裡經歷過這麼恐怖的情景，由於實在太過真實，更讓她醒來時總是心有餘悸。

在這陣子，她常常會在晚上睡覺時做同樣的夢。夢裡的情境總是相同，當她尖叫著醒過來時，所記得的夢境都是一樣的。沒有什麼細微的差異，就是一模一樣。

她不知道為什麼，以前也從來沒有發生過類似的情況。她會做夢，但不會做同樣的夢，她本來以為這是理所當然的事，但是這次卻和以往不同。

那是一個恐怖的夢。

在夢裡，一名男子拿著刀向她逼近。沒有前因後果，夢境總是突兀地從這裡開始。

她不知道為什麼男子要拿刀，也不清楚兩人是什麼關係，她就這麼不知為何地被男子持刀威嚇。

她的全身顫抖，腳步踉蹌，不斷往後退。面容凶惡的男子持著刀刃，讓她承受了極大的壓力，精神極為緊繃，沒有辦法平心靜氣地和對方談判。

除了不斷向後退之外，她什麼事都做不到。

然後，她從客廳退到了陽台。

陽台並不大，寬度只能容納一個人，於是在她踏入陽台之後，身體很快地就碰到了牆壁。

陽台的牆壁大約一公尺高，頂端就在她的腰部附近。而牆壁上方並沒有鐵窗，完全是對外開放的。

男子並沒有停下腳步，仍然持續向前逼近，很快地，來到了她的面前。他手上的刀子閃著光芒，無聲地恫嚇著她。

她的恐懼到達了極點，進入歇斯底里的狀態。她已經無法思考，就只是不斷尖叫並狂亂地揮舞著雙手，想要將男子驅離。

男子似乎被她突如其來的攻擊嚇了一跳，刀子並沒有刺向她，反而是用手去抵擋女子的攻擊，也因此她的行動產生了意外的效果。

男子的手撞上了牆壁，刀子掉落地面。

刀子掉在地板上的清脆聲響，讓她瞬間恢復清醒。見機不可失，她搶先一步，很快地撿起刀子，持刀面對著男子。

形勢瞬間逆轉。

男子臉上的表情從凶惡變成驚訝，武器被奪走，或許是他根本料想不到的發展吧。

她用兩手握住刀子，筆直地對著前方，不讓男子有攻擊她的機會。

只是兩人的對峙狀態並沒有維持下去，變化來得突然。男子向前猛衝，來到了她的面前，兩人的距離非常的近。

然後，她被男子猛力推了一把。

為了抵擋男子的力量，她原本就是靠著陽台的牆壁。而牆壁上方並沒有鐵窗或其他遮蔽物，因此當男子將她往後推的時候，她的上半身便順勢向後傾倒，雙腳騰空而起。整個人轉了一百八十度，倒栽蔥地朝陽台外側而去。

她的身體往下墜落。

雖然人在半空中，但她的臉卻朝著上方，視線仍然看著自己剛剛掉落的地方，也就是她家的陽台。

她看到男子的上半身出現在陽台的牆壁上，臉正朝著自己。

他的雙眼圓睜，卻面無表情。

夢境在此中斷。

只要做了這個夢，她總是滿身冷汗，彷彿是自己在現實中親身經歷了被謀殺的情境。

她當然沒有被謀殺過，甚至連被攻擊的經驗都沒有，但在夢境過後卻總是真實得如歷其境，讓她毛骨悚然。

從小到大，她從來沒有做過這個夢，就連類似的也沒有。

她也想過，是不是因為看過和夢境相關的電影或小說，在劇情的引導下才做了這個夢。但是不管她再怎麼回想，都不記得曾看過相同或相似情節的故事，所以應該也可以排除這種可能性。

不是自己的經驗，也不是戲劇裡的情節，她不知道為什麼會如此。

不只如此，過去她也不曾出現過一模一樣的夢。就算是其他的夢，也從來沒有重複出現，跟這次完全不同。

她並不是那麼常做夢，或者應該說她睡醒時通常不在會做夢的時段，因此就算有，在醒後也不會記得。對她來說，做夢並不是很常見的事，所以她很確定，從來不曾有過這種現象。雖然她不會將夢記錄下來，但仍然可以確定從來沒有發生過。

她平常的工作十分忙碌，所以在剛開始發生時，她並沒有特別的感覺，只是覺得奇怪而已。雖然夢境讓她不舒服，但就只是一場惡夢，醒了以後就沒事了。

只是隨著發生的次數愈來愈多，她開始感到困擾。並不是在清醒之後就會消失，而是必須不斷體驗那個殘酷的情境，就像是在夢境中永遠出不來。

就算不是真的遇害，她的身體並沒有受到實質上的傷害，但是在夢中被殺，卻也像是死過一次一樣，讓她非常不舒服。

每天晚上要睡覺時，她就開始緊張，不知道是不是又會做這個惡夢，這讓她的精神壓力變得非常大。

為什麼會發生這麼奇怪的事情，她原本也是毫無頭緒。不是自己直接或間接的體驗，那究竟是什麼？只是隨著發生的次數逐漸增加，她開始懷疑起，是不是因為自己身上曾經發生過的重大事件，導致她在心理或生理上發生了變化，已經不再是過去的那個自己，才會出現這麼怪異的現象。

這麼一想，那就只有一個可能了。

在三個月前，她曾經進行過心臟移植手術。

她患有擴張性心肌症，雖然一直都有接受治療，但卻都無效。如果不能治癒，將會心臟衰竭甚至猝死。只是並非完全沒有希望，雖然無法用治療來修復心臟機能，但還是有一個救命的方法，那就是進行心臟移植。

說來簡單，但是由於心臟的捐贈者稀少，相較於數量龐大的病患在等待移植，兩者是完全不成比例的，無法讓每個需要移植的病患都有辦法取得可用的心臟。

因此雖然她在很久以前就已經登記，但是不是真的能夠在有生之年等到合適的心臟，也只能憑運氣而已，沒有人可以保證她一定能夠進行移植。

她只能抱持著些許的希望，等待著幾乎不可能出現的捐贈者。

沒想到，儘管機率奇低，卻真的等到了。

手術的過程非常順利，並沒有出現太大的問題。她在醫院待了四週，術後的復原情況良好，於是就出院了。後續的回診也都很正常，她深感幸運。

她彷彿重獲新生，而且新的心臟跟她似乎相當合得來，取代了原本機能缺陷的舊心臟，在體內良好運作。她有時候會撫著左胸，感受心臟的跳動，同時也總是感到驚嘆，這真的是現代醫學的奇蹟。

一切都很好，除了這個怪夢之外。

她曾經聽說過，有人因為心臟移植而改變了個性，移植者的人格變得像是捐贈者。這是不少虛構故事的題材，就像許多人一樣，她雖然沒有大量接觸，倒也曾經看過一些。雖然不知道傳聞是否屬實，而且過去所接受的科學訓練，也不允許她接受這樣的事實，但既然發生在自己身上，那可就不能無視了。

她開始上網收集資料，而不出所料的是，能夠查到相當多的案例。在心臟移植之後，捐贈者的部分特質隨著器官而轉移到了移植者的身上，包括性格的改變、記憶的繼承與技能的習得，這種奇怪的現象古往今來所在多有，並不算極為罕見的特例。雖然不是每個進行移植的人都會如此，卻也不是只用巧合就能解釋的現象。

事實上，不只是心臟，像是腎臟或肝臟等其他器官，也有可能出現同樣的現象。似乎只要接收了別人的器官，就有可能連同精神或記憶都同時轉移。

儘管移植手術是將器官視為零件，將壞的換成好的，基本上的概念相當簡單。但是從這些奇怪的現象看來，卻又似乎是在說明人體的器官絕非只是單獨的機器零件。就算只是人體的一部分，都有可能包含了那個人的精神特質。

雖然她所接受的科學訓練，並不接受這種超自然現象，但她覺得過去的想法已經不重要了。愈是調查就愈清楚，她並不孤單，也不是特例，更不是無法解釋的。她身上所發生的現象，在世界上的其他角落，也有著許多人和她一樣。

她恍然大悟，對她來說，這是一個非常簡單明瞭的解答。

她所做的夢，就是心臟捐贈者的記憶。

就是因為如此，她才會在移植心臟之後開始出現這個夢。也因此每次的夢境總是相同的，因為那是過去曾經發生過的事。

如果她的猜測屬實，如果不斷重複出現的夢境就是事實，那也就代表捐贈者正是因為被男子從陽台推落至地面才導致死亡。

這個困擾她許久的惡夢，或許正是捐贈者的死亡過程。而也正因為捐贈者的死，她才能夠得到可供移植的心臟。

她無法得知捐贈者是誰，因為照規定是不能通知移植者的。但是因為夢境的關係，她非常清楚捐贈者是女性。她記得夢中的穿著，是短袖T恤與家居短褲，露出了修長的美腿，也有隆起的胸部，身體特徵全都是女性性徵。雖然她沒有機會看到長相，但也已經不需要用臉來判斷了。

話雖這麼說，但身體特徵只是客觀的證據而已。這些特徵都是其次，就算不用從外觀來判斷，她也很清楚的知道，夢中的自己就是女性。

捐贈心臟的女性被人殺害，是被害者。

她移植的是被害者的心臟。

就算過去不是沒有案例，但是在自己身上竟然出現這麼怪異的情況，應該沒有人可以想像得到吧。捐贈者被害時的記憶，竟然藉由心臟這個媒介，準確且固執地傳達給移植者。

這是在申冤吧。

已經無法再說話的被害者，只能藉著還存活在世上的器官，無言地表達委屈與不甘，她不得不這麼想。

她的右手撫著左胸，心跳規律地傳達到她的掌心。被害者的心臟還在這裡跳動，多虧了它，自己才能夠從等待死亡的生活中解放開來。

不知名的女子是她的救命恩人，她不知道對方是誰，也不被允許知道對方是誰，但是既然已經繼承了對方的記憶，知道曾經發生的事，她就必須做點什麼才行。

她決定了，必須調查這個事件。

除了夢境中的事以外，她什麼都不知道。或許凶手早已落網，這樣的話，那麼也就沒有再進行調查的必要。

只是如果凶手仍然逍遙法外，被害者仍然含冤未雪的話，那麼身為心臟的繼承者，她必須為被害者討回公道。

她原本的工作就很忙碌，如果還要再調查事件，必然會變得更忙，時間也就更不夠用了。但是一方面為了被害者，另一方面也是為了自己晚上的安眠，她都必須要進行。

有一點是她覺得很慶幸的，那就是沒有人在手術之後，覺得她變得和以前不同。為什麼會這麼想，是因為有些移植者的性格會變得像是捐贈者，明顯到自己和旁人都能感覺得出來。

但是她不同，她的性格並沒有轉變，也沒有多了其他的技能或是記憶，就只是一直重複做著被殺的夢。

這對她來說算是一件好事，因為她只在夢中繼承了捐贈者的記憶，平時的自己並沒有因為心臟的不同而發生變化。

也就是說，只要她不講出來，沒有人會發現她繼承了別人的記憶，也沒有人會知道心臟移植竟然帶給她這種影響。

而從夢境出現至今，她也都還沒有告訴任何人。

除了自己以外，沒有別人知道。

在她決定要進行調查之後，便開始回顧那個夢境。她鉅細靡遺地將過程記錄下來，雖然不知道會有什麼用處，但是覺得寫下來的話或許能得到些線索吧。而也就在同時，她出現一種奇妙的感覺，雖然是在調查別人的謀殺案，但卻又像是在找出殺死自己的凶手。

現在的她，就像是在調查自己遭到謀殺的案件一樣。

當她察覺到這點時，心情變得相當複雜。她當然知道不是自己被殺，但卻又無法擺脫是自己遇害的感覺。就算她理性上已經知道全都是因為移植了被害者心臟的關係，但感性上卻又無法一刀兩斷。也就是說，儘管記憶只出現在夢境中，但隨著她的深入挖掘，她似乎沒有辦法將被害者和自己分開了。

這樣下去，是不是會變成另一個人？

本來的她，真的會就這樣消失嗎？

她有點害怕，就算知道這是不可抗力，但還是會恐懼。她怕自己會變得不再是自己，而是別人了。

她甚至將留了很久的長髮剪短，只因為夢中的女子也是長髮。

她怕被害者的所有精神與記憶都會轉移到自己身上，蠶食她原本所擁有的一切。這種感覺，就像是身體被奪走一樣。

因此，她又多了一個必須調查的理由了。

事到如今，她不可能因為這個怪夢，就將心臟再還回去，也不可能再等待另一個心臟。如果找出凶手，讓被害者得以瞑目，那麼自己應該也就可以毫無顧忌地接受這顆心臟，不用再擔心會變成別人了吧。

到那個時候，怪夢應該也就不會再出現了吧。

雖然想要調查，但她以前並沒有過類似的經驗。而且她只是想知道真相，並不執著於一定要自己出外打聽。只要能夠查明真相，就算不是自己打聽出來的也行。更何況她並沒有那麼多時間，可以用在這件事上。

於是她認為，直接委託私家偵探去調查是最好的。如果只要花錢就能解決，會是非常符合效益的方式。

她並沒有和偵探社打交道的經驗，也因此在決定要委託誰來調查時，著實讓她感到困擾。

上網查嗎？但是她又怕水準參差不齊，也怕會遇上不肖的業者。沒有任何口碑的話，對她來說似乎不太有保障。

就在這時，她突然想到，以前曾經有朋友找過一位偵探，並且順利達成任務。朋友對那位偵探的評價不錯，這讓她有點信心，覺得或許可以試試看。

只是該怎麼聯絡上那位偵探呢？

她並不想去問朋友，因為可想而知，朋友必然會反問她為什麼要找偵探。她當然不想回答這個問題，因為對她來說，這關係到自我是否會逐漸被侵蝕，是切身相關的事，她並不想暴露自己的隱私。

可以的話，她希望能夠在沒有其他人知情的情況下，順利將事件的真相查明。

但是得到偵探的聯絡方式是調查的起點，無法聯絡上的話，其他也都只是空談。

她只能憑著記憶，回想當時是否曾經提過與偵探相關的情報，以此來進行搜尋。就在她努力回想的時候，突然想起，當時好像曾經將偵探的電話記在筆記本上。

那時並沒有特別想要委託的事件，只是因為朋友對於偵探的好評，讓她覺得如果將來有需要的話，或許可以找這位偵探，於是她就先將電話記了下來。

當時沒有用到，沒想到會在這時派上用場。

她感謝自己的好運，也認為這是個好兆頭，一切都會順利進行的。

她從鐵櫃裡找出了以前的筆記本。因為不知道是記在哪裡，只能一本一本耐心地找。而且在尋找的過程中，看到了過去所記下的內容，也不免讓她分心去閱讀，結果比她所預想的要花上不少時間。

最後她還是找到了，筆記本裡只是簡單寫著「偵探」兩個字，然後下一行有行動電話號碼。那時純粹只是留個記錄，所以也就只有這樣而已。

雖然已經是晚上九點，但她仍然撥了電話號碼。有人接了電話，她很簡單地說要委託調查，對方問她要在何時與哪裡碰面。

她想了一下。在公司附近的話，怕會被認識的人撞見，她不想冒這個風險。距離住處的捷運站附近有間連鎖咖啡店，約在那裡好了。

至於時間的話，如果是要在那間連鎖咖啡店，就只能在下班以後了。

於是她提出在明天晚上八點見面，對方表示沒有問題。然後她再說明咖啡店的位置，之後便掛上電話。

她鬆了一口氣，儘管才剛開始，她卻有種事情已經完成一半的感覺。

第二天晚上，她走著和往常一樣的回家路線。只是今天不同的是，在走出捷運站之後，她要先繞到連鎖咖啡店一趟。

她走進店內，每個櫃檯前都有一兩個人在排隊。這間店的一樓只有櫃檯，沒有座位，要到樓上才有位子可以坐。

她直接走樓梯上到二樓。

二樓的座位大概坐了一半，大部分的人都在說話，也有看起來是學生模樣的人在念書。她環視四周，想找出偵探坐在哪裡。

然後她看見一名男子，獨自一人坐在窗邊的位子，桌上只有一杯咖啡。她心想，應該就是這個人了吧，於是走到男子的面前。

男子抬起頭來看著她，叫出她的化名。她昨天打電話時，並沒有說出本名，而是編出一個名字。她點點頭，坐在對面的位子上。

男子看起來大約三、四十歲，戴著黑框眼鏡。頭髮不算長，不過也幾乎快要蓋住耳朵，兩頰和下巴都留著鬍子。穿著皺巴巴的襯衫，相當落魄的樣子。雖說不能以貌取人，但她不得不開始懷疑起偵探的手腕。

偵探並沒有問她是從哪裡得知自己的電話，也沒有寒暄或說些不相關的事，就只是詢問她要委託的內容。

她提出的委託相當簡單，先說明有個朋友曾經進行心臟移植，而她希望能夠知道捐贈者是誰。在找到人之後，則想要調查捐贈者在死亡之前是否發生了什麼事。

偵探表示器官捐贈都是保密的，原因就是希望隔離雙方，以免造成不必要的麻煩。他再次詢問，是不是真的有需要找到捐贈者。

她表示的確有需要，態度表現得很堅決。

然後偵探詢問她想在何時得到答案，她則表示沒有時間限制，只要能找到就好。

的確，只要能夠查明真相，要花多少時間都可以。

至於費用，她雖然不缺錢，但也不是大富翁，沒辦法花太多錢在這上頭。偵探提出了一個數字，她覺得很合理。

偵探沒有再多說什麼，便接下了委託。

然後，偵探向她詢問移植者的姓名與個人資料。

她不想曝露出自己就是移植者，所以假借朋友的名義，將自己的名字當成是朋友的名字，連同其他與移植相關的資料，包括出生日期與醫院等等，告訴了偵探。

偵探拿出筆記本，將這些資料記了下來。他們的會面就此結束，偵探先行一步離開。

她的委託告一段落，接下來就是等待結果了。

她並不心急，雖然很想知道結果，但既然已經交給了偵探，那麼只要等就好了。雖然不知道要花多少時間，但那本來就不是生死交關的問題，所以也沒有心急的必要。

三天後，偵探打了電話給她。

偵探表示調查已經結束，問她什麼時候要見面詳談。如果她沒時間見面，也可以用電話說明，費用再另外匯款即可。

她相當意外，只花了三天，其實比她想像的要快上許多。這個事件真的有那麼容易調查嗎？

她不禁覺得自己似乎想得太過複雜。說不定對專業的偵探來說，這本來就是個能夠輕鬆完成的任務吧。如果真要自己出馬調查，可能連該怎麼著手都不知道。

雖然不是緊急的事，不過既然已經有了結果，她也不打算再拖下去，想立刻知道調查的情況。於是她和偵探約在上次見面的連鎖咖啡店，就在今天晚上的八點。

掛上電話後，她呼了一口氣。

只是偵探不可能想得到，其實現在的情況和三天前不同，她已經知道結果了。

當然她還是不知道心臟的捐贈者是誰，但是關於事件的經過，她知道的比之前還要清楚，已經完全了解所有的過程了。

因此，晚上和偵探見面，除了要知道捐贈者的身分之外，也只是要做確認而已，證明她已知的就是事實。

如果在三天之前，就已經是現在這個情況的話，那麼她也不會去委託偵探了，根本就沒有那個必要。

但是在那個時候，她又怎麼可能會知道這幾天所發生的事？人不可能未卜先知，她只是個普通人，當然也是如此。

而且話說回來，說不定就是因為她去找了偵探，才會出現變化的吧。或許委託調查就是一個契機，才導致後續出現了不同的發展。

無論如何，很快就可以得到解答了。

晚上，她來到咖啡店。

和上次一次，偵探已經到了，而且坐在同樣的位子。

她和偵探打了招呼，坐在對面。

偵探就和上次一樣，沒有多說什麼，立刻就進入主題。

捐贈者是女性，年紀二十五歲，住在台北市北投區，是個相當熱心公共事務的人。讀大學時無意間在網路上接觸到器官捐贈的相關事宜，為了讓自己的器官能夠救更多的人，和當時的男友一起去簽了器官捐贈同意卡。

捐贈者很年輕，這倒是讓她相當意外。她認為因為捐贈者才二十五歲，所以必然會覺得器官捐贈是非常遙遠以後的事情吧。會簽下同意卡，應該也只是希望能夠在未來有所貢獻，在那時要談論是否或何時成真，都還言之過早。

只是意外發生的總是突然，用到的時間比女子想像的要快很多。

死亡事件是起因於女子和前男友在家中發生爭執。由於室內並沒有其他目擊者，警方是根據現場的狀況還原案發時的經過。

由於女子察覺男友有暴力傾向，在忍耐多時之後終於提出分手。但是儘管已經分手，前男友仍然糾纏不清，除了電話或簡訊的騷擾，他也會到家裡或公司去找人，讓女子不堪其擾。

事發當天，前男友又找上門來，他已經來了很多次，每次都大吵大鬧。如果不讓他進門，他就會在門外瘋狂按電鈴與敲門，總是造成很大的噪音，連鄰居都會出來關切。

不能讓前男友在外頭一直搗亂，否則將會沒完沒了。女子可能是決定要和前男友再說個清楚，做個了斷，於是讓他進門。

或許女子只希望能夠和平地談判，但不意外的，兩人一言不合，又開始爭吵。

之後的事態變得更為嚴重，女子從客廳一直往外退到陽台，而前男友竟然拿著水果刀，不斷威嚇著她。在混亂之中，女子被前男友從四樓的陽台往外推，墜落到一樓的地面。女子沒有立刻死亡，但也受到重傷，血流不止。

雖然女子被緊急送往醫院，手術成功卻一直沒有脫離險境。到最後還是沒有撿回一命，在兩天後死亡。

女子死了，那麼前男友呢？她詢問偵探。

男人也死了，偵探回答。雖然不是當場死亡，但也受到重傷。和女子相同，男人也被緊急送往醫院，手術成功但情況還是不樂觀，同樣在兩天後死亡。

諷刺的是，雖然不是在案發當天，但兩人最終仍然死在同一天。

果然如此……她心想，但沒有說出口。這樣的發展早在她的預料之中，所以完全沒有感到驚訝。

而偵探接下來則說明男子被殺害的過程，對她來說也只是證明而已，印證了她早就已經知道的事件經過。

聽完偵探的報告之後，她表示沒有任何問題，同時也將調查費用交給偵探。偵探清點數目，向她點了點頭，然後離開。

就這樣，調查結束。

她到樓下櫃檯去點了杯咖啡，然後又回到樓上。她喝著咖啡，思考剛才所得知的事，然後嘆了一口氣，有些茫然。

果然和夢裡是一樣的。

對，她又做了那個夢。只是這次做的夢，和之前不完全相同。而從這次開始，之後所做的夢，也全都變成了這個樣子，而不再是以前那個夢了。

這個不太一樣的夢，就發生在她去找偵探的那一天晚上。

因此她才會這麼想，下定決心要找偵探並付諸行動，或許就是一個誘因吧，驅使她將原本塵封的記憶釋放出來，也讓她能夠得知完整的真相。

她心想，說不定是被害者在保護自己，不想讓她看見那段經過。她不知道這是什麼機制，她只覺得非常不可思議。

以前的夢中，在陽台爭鬥的過程總是相當模糊。她原本認為那是因為兩人的動作都很大，情況又很混亂，使得視線無法準確地對焦，才會看不清楚。也因此她無法準確地記住中間發生的過程，只知道最後是被男子推了一把，然後從牆壁頂端往外掉落而已。而且她的眼睛雖然看著上方，看到了男人的臉，卻也是立刻就中斷，並沒有再多看到什麼。

但是這次不同。

儘管她就是當事人，但卻又像是個旁觀者，可以清楚看見攻擊的過程。更有甚者，就像是慢動作一樣，她甚至可以看清楚雙方的動作。

她看到男人拿著刀站在她的面前，一步一步慢慢地走來。

她放聲尖叫，雙手狂亂揮舞，一心只想要將男子逼退。

只是陽台空間狹小，沒有足夠的空間可以讓兩人出現太大的動作。她用力將手打向男人時，男人雖然用手抵擋，卻似乎低估了她的力量，結果不但沒有擋住，反而讓右手重重地撞上了牆壁，刀子也因而離手，掉到陽台的地面上。

她見機不可失，立刻衝去撿起刀子。撿到之後，她退了幾步，背靠著牆。右手握刀，左手握在右手上，將刀子指向前方，正對著男人。

男人怔了一下，似乎對於刀子會離手而被女子搶走而感到驚訝。只是不知為何，他似乎並不恐懼，反而向她衝了過來。

她大吃一驚，沒有可供思考的時間，也沒有辦法考慮後果，雙手順勢往前一送，刀子刺入男人的腹部。

男人露出不可置信的表情，眼神空洞，先是看著她，然後低頭看著自己的腹部，又抬頭看向她。

她也愣住了，剛剛那一刺只是最基本的防禦本能，她並沒有想要殺害對方，純粹只是保護自己而已，她並沒想到竟然會刺中對方。

此時，時間似乎靜止，兩人都沒有動作。

但就在下個瞬間，更意外的事發生了。

在她還不知道該怎麼辦的時候，男人突然伸手用力推了她的肩膀。或許男人是不甘心被刺，也或許是想表達什麼，她並不知道，她只感受到一股強烈的衝擊力道，正中她的肩膀。

而這時，她的後背就緊靠著牆壁。

於是她失去平衡，倒栽蔥地往外掉落。時間的流逝在此時似乎又變慢，她的頭朝向上方，視線仍然看著自家的陽台，也可以看到男子探頭出來看著她，雙眼圓睜，沒有任何表情。

她也在這時醒了過來。

在這幾天，她不斷做著同樣的夢，看著同樣的情節。也因此讓她非常確定，這必然就是事實。之前做的夢有缺漏，並不完整，直到現在她才終於得以看見全部的過程。

今天來聽取偵探的報告，已經從想知道經過，變成是確認了。偵探的報告正如她的預期，她的夢境得到了證實，一切都是真的。

結果竟然是這麼荒謬，讓她不禁苦笑。

她本來以為捐贈者是被害者，但其實根本就沒有那麼單純。捐贈者雖然遭到殺害，但自己同樣也是殺人犯。雖然兩人都不是當場死亡，但結果是一樣的，他們的攻擊都造成了嚴重的傷害，最終導致對方死亡，所以毫無疑問，他們都是殺人犯。

這種結果超出她的想像。只是本來就想不到事情會這麼離奇，也沒想到夢境竟然保留了對捐贈者不利的部分，只表現出女子是被害者的模樣。

她還以為被害者沉冤未雪，想要藉由夢境來尋求協助，這種想法現在想來還真是好笑。什麼申冤，根本不是那麼回事。

捐贈者的問題解決了，那麼她自己的問題也解決了嗎？

她害怕身體被奪走，認為只要查明真相，之後應該就可以接受這個心臟了。

但是現在卻發現，在自己左胸裡的，是殺人犯的心臟。移植了心臟的她，也同時移植了殺人犯的記憶。

這樣下去，將來是不是也會繼承殺人犯的個性？她是不是也會變成殺人犯？

她看著自己的雙手。

就是這雙手，握著水果刀，刺向男人的腹部？

她彷彿看見自己的手上染滿了鮮血。她閉眼，用力搖了搖頭，再看著自己的手。血跡不見了，掌心還是原本那樣白淨。

是捐贈者殺了人，不是移植者殺了人。

事實雖然是如此，但她不敢肯定，再這麼下去，情況會不會發生變化。或許目前對她尚未造成影響，但她不知道未來會如何。

現在的她，連晚上會不會再做同樣的夢都不知道。就算夢境已經補齊，真相已經得到證實，但她仍然不知道是不是還會再做夢。

惡夢會就此消失，還是會一輩子糾纏著她？一想到這裡，她就感到不寒而慄。

雖然已經查明真相，但她卻沒有解脫的感覺。捐贈者的罪行仍然揮之不去，雖然不應該由她背負，但卻重重壓著她。

她似乎沒有樂觀的理由，也沒有任何預兆顯示夢境會就此消失。

她是殺人凶手。每做一次夢，她就殺他一次。雙手持刀刺入男子腹部的感覺，一直殘留在她的手上，沒有消失。在夢境裡，她已經殺了他好幾次。

今天晚上，或許還會再殺一次也說不定。

# I

## 1

許仲濤上一次來到龐畢奇酒館，已經是半年多前了。

星期五下班後，他想著該到哪裡去喝一杯。他很快地想到了這間酒館，於是便沒有再花心思去考慮其他地方，搭上計程車就來到這裡。

酒館在大直，離公司不遠。

計程車停妥，他付完車資，下車後站在店門口。看著外頭的招牌與店面，和記憶中的情景一模一樣，這讓他覺得安心。

他推開玻璃門，走了進去。

他以前常來這裡，並不是因為這裡的酒好喝或是餐點好吃，純粹就只是因為喜歡這裡慵懶悠閒的氣氛而已。會來這裡喝酒的，似乎都是一些懂得節制的人，他沒有在這裡遇過酒醉鬧事的醉漢，也不常見到大批的團體客。大家都是默默地走進這裡，開始喝酒，有同伴的人彼此交談，沒同伴的人靜靜喝酒，然後離開。

對於只想找個地方待著的許仲濤來說，是不可多得之處。

聽說這裡之所以會取名為龐畢奇，是因為老闆很喜歡龐畢度中心，本來也打算直接用來當店名。不過後來又覺得完全一樣並不妥，所以就將最後一個字換掉，改成自己名字中的「奇」這個字，於是就命名為龐畢奇。

店內大約只有五分滿，不過客人也不算少。大家都在聊天，雖然沒有人的聲音特別大，不過也算是有一定程度的音量了。

他直接走到最裡頭的吧檯區，整個吧檯都沒有人坐。他挑選的是靠牆的位子，對他來說，這是他專用的地方。

他總是坐在這裡，原因很簡單，因為不想一個人佔住一張桌子。不然在人多的時候，獨自一人的他就必須跟別人併桌，不然就是要另外移動到其他位置。兩種情況他都不喜歡，如果從一開始就坐在吧檯，那就沒這個問題了。

而且從這個位子，可以很清楚地看到斜前方牆上的電視，不會被擋住。

他走到椅子旁，坐了下來。

站在吧檯裡的是老闆，同時也兼任酒保。他看到許仲濤，表情似乎有一點驚訝，但仍然笑著說道：「喔，好久不見了。」

「是啊，超過半年了吧。」

「已經這麼久了啊。」

「出差，上星期才回台灣。先來杯啤酒吧。」

「OK。」
很快地，酒送到了他的面前。他向老闆點頭致意，立刻就喝了一口。
酒精通過喉嚨，帶來一股刺激感。
他將胸中的悶氣吐出，同時也將工作時的緊繃情緒釋放出來，有種鬆了一口氣的感覺。這時，他才終於有下班了的感覺。
他點了餐，很快就送了上來。電視上是美國職棒大聯盟的球賽，可能是早上的比賽重播吧，他沒有太大的興趣，只是有一搭沒一搭的看著。
吃完飯後，老闆將餐盤收走，然後他又點了一杯啤酒。
老闆送上啤酒，許仲濤接了過來。
在許仲濤之後，就沒有其他客人進來了，所以看來老闆也沒別的事要忙，於是和許仲濤聊了起來。
「去哪裡出差？」
「新加坡，公司要開新的店面，把我調去支援。一過完年就去了，一直到上個月開幕，我的工作做完才回來。」
「不錯嘛，這年頭還能在國外開店，這附近可是倒了不少間呢。」
「還好啦，能不能做下去就要看他們怎麼經營了。太久沒來，都不清楚這附近的狀況了。你呢？這邊怎麼樣？」
「老樣子囉，馬馬虎虎，沒什麼變化。」

「今天人不算多呢，難得的星期五。」
「是啊，偶爾也是會這樣的。」
「最近有看到老伍嗎？」
「老伍？」
老闆的表情顯得相當困惑。
「你說的是有時候會跟你一起喝酒的那個老伍？」
「就是他啊，不然也沒有別的老伍了吧。本來還以為說不定今天會看到人，結果沒來啊。很久沒看到他了，不知道他過的怎麼樣。」
「你不知道嗎？」
「什麼？」
「他死了啊。」
許仲濤一時間反應不過來。
老伍死了？
許仲濤在離開台灣前，還曾經和老伍一起在這裡喝酒，那時看來並沒有什麼不一樣的地方，怎麼會說走就走？
老伍的正確年齡，許仲濤並不清楚，他沒有問過老伍的出生年份，只知道是四十多歲，還不到五十歲。他的名字是伍英智，沒有結婚，一個人獨居在內湖。單眼皮，眼睛看起來很小。輪廓不深，扁平鼻，外表並不出色，是很平凡的長相。總是很久才去剪一次頭髮，活像是個安全帽套在頭上一樣。

他們就是在這間酒館裡認識的。有一次同時坐在吧檯，然後便聊了起來。他們兩個的年紀相近，都是四十多歲，而且也都是一個人獨居，境遇有點相似。當然最重要的是聊起來投緣，所以有時候一起喝酒，也算是相當愉快。

不過他們也只有這點交情而已，碰到面時聊一下，聊完後各自離開，平常也不會聯絡。他們僅僅只在這裡才有交流，離開之後就完全沒有交集。

對許仲濤來說，這樣的交情對現在的他來說很剛好。他自己一個人生活，不需要和親戚來往，沒有囉嗦的親族關係，也沒有麻煩的朋友交際。像這樣在酒館裡，偶爾有人一起聊聊，就已經非常足夠。

他連忙詢問老闆詳情，只是這時正好有人走進店裡，服務生上前招呼，而老闆等下也就要開始忙了，沒有太多時間可以聊。

趁著客人還在點餐的空檔，老闆向他提起另一個人。

「我介紹一個人給你認識，他滿常來的，也認識很多人，對這附近的一切都很熟悉，他知道的肯定比我清楚。」

老闆離開吧檯，走到了靠近店門口的桌子旁。那是個只能供兩人面對面坐著的桌子，有一名男子，看起來好像滿年輕的。老闆和他說話，用手指了這裡，然後男子的視線朝向這邊，又看向老闆並點點頭。

老闆拍了拍男子的肩膀，男子拿起酒杯，兩人走了過來。

「我來介紹，這位是我們店裡的常客，他叫李常德。他知道一些老伍的事情，你們可以好好聊聊。」

許仲濤跟李常德握手，然後向老闆道謝。老闆離開，前去招呼客人，李常德則坐在旁邊的椅子上。

李常德看起來相當年輕，可能還不到三十歲。頭髮微捲，長度已經蓋住了耳朵。長相端正，臉頰瘦削，看起來有點憂鬱的樣子。

「你跟伍英智很熟？」李常德問道。

「倒也算不上多熟，只是認識滿久的，在這裡遇到的話會一起喝酒，就這樣而已。我叫許仲濤。」許仲濤回答。

李常德點點頭，沒什麼表情，也沒有再提出其他的問題。他沒多講客套話，就開始說起伍英智遭到殺害的案件。

花了好一段時間，李常德才說完。

聽完以後，許仲濤愣了半晌，不知該說什麼。

由於是臨時被問起，李常德並不記得正確的日期，只知道是在三月的時候。這也難怪，通常是不會去記的。

伍英智死在別人的家中，他的腹部被刀刺入，失血過多而死。

案發地點所在的公寓，是一位名叫簡安世的男子所居住的。他曾經是台灣大學的教授，之後離開學校，在一間私人企業工作。五年前與妻子離婚，之後自己獨居在此。

凶器是一把鋒利的水果刀。經過鑑定，由於水果刀上的指紋，與現場四處可見的指紋一致，因此可證實是屬於屋主的。警方推測可能兩人約在此處談判，但是由於中途發生爭執，凶手從廚房拿起水果刀，並因而殺死伍英智。

就情況看來，屋主簡安世的嫌疑自然是最大的，警方最初的調查方向也是著眼於他。只是在調查之後，卻出現了意想不到的問題。

簡安世已經失蹤超過兩個月了。

簡安世有一個女兒，名叫簡汶淇。警方從簡汶淇那裡得知，他們兩人最後一次的聯絡是在十二月，從一月開始就沒有辦法再取得聯繫。

而且那次是用電話聯絡，並不是見面。簡安世早在去年年中時就已經不常回到住處，簡汶淇曾經問過他都睡在哪裡，簡安世只表示工作很忙，總是睡在公司裡。

他並沒有對簡汶淇透露太多，只是每個月都會打電話聯絡而已。至於電話內容則完全沒有提及他的工作內容，因此簡汶淇也無從得知，只能知道簡安世一切都還順利，人還平安，就只有這樣而已。

由於固定會聯絡，所以突然中斷就變得相當異常。特別是二月遇到農曆過年，在一家團圓的日子，簡汶淇卻無法聯絡上簡安世，讓她相當擔心。她打到公司去時，公司的人表示簡安世從一月起就已經無故曠職了，他們也不清楚發生了什麼事，不知道該怎麼辦。

從一月開始，簡安世的手機總是沒有開機，很可能根本就沒在使用。而到最後甚至被停話，表示已經沒有人在付帳單了。

那間公寓是屬於簡安世所有，在這種狀況下，簡汶淇也不能隨便處理掉，就只能一直放著而已。

卻沒想到在三月時，伍英智竟然死在簡安世的公寓裡。

發現的人是隔壁鄰居，一名年約五十歲的男子。簡安世和鄰居平常並沒有互動，所以鄰居並不清楚簡安世的狀況。

從前一天晚上開始，鄰居就發現簡安世家的大門一直開著，他感到事情不太對勁，於是好心想提醒。鄰居按了門鈴但無人回應，所以就大膽地走進去，想看看裡頭有沒有人在。卻沒想到一進大門，打開電燈，就發現客廳躺著一名男子，而且地上都是血。

他驚嚇不已，立刻衝出大門，奔回自己家中，馬上打電話報警。

由於男子身上帶有證件，於是警方不用多費工夫就能得知身分，之後也確認了證件的正確性，毫無疑問，死者正是伍英智。

警方清查了簡安世與伍英智的交友狀況，發現他們兩人是小學同學。不過除此之外並無交集，在工作上毫無關聯，平常也幾乎不會聯絡，幾十年來可能只碰過幾次面。

這麼一來，狀況就變得相當怪異了。如果伍英智和簡安世只是小時候認識，之後鮮少聯絡的話，他為什麼會死在簡安世的公寓中？這是不是表示他們之間的聯絡次數其實比已知的還要多？他們是不是有什麼不為人知的恩怨？

只是由於簡安世已經失蹤多時，那麼凶手是否另有他人？但如果凶手是別人，為什麼他能進到簡安世的公寓中，並且還和伍英智約在那裡？

簡安世在一月之後便失去音訊，不只是他的家人，公司同事們也同樣不清楚。他去了哪裡，或是在做什麼，他的同事們都表示不知情。

除了簡安世，另一個調查方向是被害者伍英智。伍英智的工作是貨物快遞，生活相當單純，交友圈也很狹窄。只是出乎意料，警方發現了意外的事實。不過這件事，許仲濤在很久以前就已經知道了。

那就是伍英智曾經失蹤過。

就在去年，伍英智曾經有一段時間不知去向。他離開的正確日期並不清楚，因為他沒有告訴任何人，保密的極為周到。但從一些線索來推測，很有可能是在七月時離開。而他在今年一月重新出現，所以大概是六個月的時間。

對許仲濤來說，伍英智只是酒友，離開龐畢奇後也不會聯絡，所以許仲濤本來沒有理由會知道。而他之所以會得到伍英智音訊不明的消息，則是因為另一名透過伍英智而認識的人提起，這才得知的。

伍英智的朋友名叫趙正航，他們認識很久了。趙正航的住處和工作都在桃園，平常很少來台北，不過來的時候都會找伍英智吃飯。他們有時候會來到龐畢奇，有一次許仲濤也在，於是便一起喝酒而認識。

聽趙正航說，他上次和伍英智見面是在六月中旬。但是今天來找他，不但手機沒接，家裡也沒人在。如果這樣倒也罷了，問題是他的信箱裡塞滿了廣告傳單和郵件，表示根本就沒人去拿這些信件。

趙正航有時會到他家找人，像這種情形卻是從來沒有發生過。伍英智不去旅行，信箱裡不可能累積了太多的信件，也因此趙正航覺得相當異常。

趙正航想到了龐畢奇，心想或許可以在這裡得到一些消息，於是專程過來，想問問看有沒有人見到伍英智。

老闆表示已經有一陣子沒看到伍英智，而許仲濤回想了一下，也是差不多同樣的時間沒見到他。他們雖然覺得奇怪，但似乎又沒有理由採取什麼行動。說不定哪天他心血來潮，突然決定要出遠門，只是不打算告訴任何人而已。畢竟伍英智已經是個四十多歲的成年人，不是缺乏行為能力的小娃娃，這種可能性是不能否定的。大家七嘴八舌討論過後，一時也想不出方法，於是結論是先觀察情況，過陣子再說。

從此伍英智音訊全無。

如果只是如此，那也就只是常見的失蹤案件而已。台灣每年有三萬人失蹤，人數相當多，並不罕見。

卻沒想到，伍英智竟然回來了。

在伍英智回來以後，還是照樣來到龐畢奇喝酒。也因此許仲濤不用聽別人轉述，他自己就非常清楚後續的情況。

那天他走進酒館，非常意外地發現，伍英智竟然就坐在吧檯。他和以前一樣地喝著台灣啤酒，一如往常，彷彿什麼事都沒發生一樣。

這下子可真是非同小可，許仲濤連忙上前跟伍英智打招呼。而伍英智卻只是點了點頭，並沒有什麼表情，也沒有說話。

許仲濤在旁邊的椅子上坐了下來，立刻詢問伍英智這些日子來的行蹤，去了哪裡，在做什麼，為什麼又回來這裡？

事實上許仲濤相當緊張，雖然不關他的事，但因為他不知道伍英智會說出什麼，所以反而覺得不安。如果伍英智真的說出會讓他驚訝的事，他也不知道該如何反應或是怎麼處理。但就算如此，也總不能因為這樣就不問，同樣都是獨居者，也同樣都對社會冷感，他非常想知道伍英智到底去了哪裡。

只是伍英智的答案，卻出乎他的預期。

因為伍英智竟然失去了記憶，完全不記得這段期間的事。

許仲濤驚訝地瞪大雙眼，連忙追問。但伍英智只是不斷搖著頭，表示他什麼都不知道，沒有什麼能夠說的。他還記得在這裡的生活，但是怎麼離開，去了哪裡，做了些什麼，又怎麼回來的，他完全不知情。

結果也就只有這樣而已，伍英智什麼都沒說，就好像他從來沒有失蹤過一樣。雖然許仲濤也懷疑他是在說謊，但卻也不能怎麼樣，總不能用什麼手段強迫他說出來。而且如果失憶這件事是真的，那再怎麼逼問也無濟於事。

伍英智曾經離開過，然後又出現，就只是這樣而已。就算許仲濤懷疑事情絕對沒有這麼單純，但他也不能怎麼樣。

只是現在情況已經不同了。

伍英智死了，而且是死在另一名獨居的失蹤者家中。

這和他曾經音訊不明的六個月有關嗎？或者只是獨立事件？

警方的調查陷入瓶頸，他們沒查出伍英智去了哪裡，又為何回來。伍英智沒有理由捲入殺人事件，缺乏被殺害的動機。他沒有錢，不曾和人結仇，也沒有感情糾葛，一般常見的動機在他身上都無法找到。

他的工作是快遞，平常都在外頭四處送貨，固定見面的同事並不多。交友圈狹窄，常見面的朋友寥寥可數，從中找不出有力的嫌疑犯。

同樣的，簡安世也是一樣的情況。簡安世和伍英智只是小學同學，除此之外沒有關聯，看不出有殺人的動機。另外簡安世也不是交友廣闊的人，警方清查他的人際關係，找不出其他人和伍英智有任何直接或間接的關係。

除了小時候認識之外，這兩個人唯一的共同點，就只有失蹤而已。

「你跟老伍怎麼會認識？你應該還不到三十歲吧？年紀差滿多的。」許仲濤問道。

他對這點很好奇，伍英智和李常德，這兩個人怎麼看都不像是會有交集。

「你誤會了，我不認識伍英智，也沒見過他。我只是常在這裡喝酒，聽朋友說的而已。」李常德回答。

對了，許仲濤想起，剛才老闆說的是李常德對老伍的事情很清楚，並沒有說他們認識，是自己誤會了。

「不好意思，我弄錯了。」

「你呢？你們認識很久了嗎？」

「好幾年了吧。當初就是在這裡認識的，也只有在這裡喝酒時才會見到面，不曾在其他地方碰面。老實說，我們的交情也就只有這樣而已，倒也稱不上是好朋友。啊，等一下，只有一次是他喝到爛醉，沒辦法一個人走，我只好坐計程車送他回家，只有那次而已。」

講到一半，許仲濤突然想起這件事。

「你們是在這裡認識的？」

「對，所以本來就沒有交集，平常也不會聯絡。」

「你剛剛聽完這些，關於他被殺害有什麼想法嗎？有沒有想到什麼事？」李常德問道。

「沒有，我才剛回國，因為很久沒來這裡了，所以想過來坐坐。剛剛老闆提起，我才知道他已經死了。至於他以前曾經失蹤，這件事我本來就知道，當時也問過他，但他都只說失去記憶，也問不出什麼。」許仲濤回答。

「你覺得他並沒有失去記憶嗎？」

「不，老實說我不知道。我那時候很好奇他到底去了哪裡，也問過他，但是他不說，我也沒有辦法。」

「好像隱藏了不少祕密。」

「其實在他失蹤之前，曾經跟我提過一個計畫，我的印象還滿深的。所以後來他失蹤的時候，我曾經懷疑他是不是去參加了那個計畫。不過後來我也稍微調查過，應該不是才對，雖然當初我的確是很懷疑。」

「喔？什麼計畫？」

「火星移民計畫。」

今年是二〇一六年，在二〇一四年的時候，有一間以電子商務起家的跨國公司，做出了重大的宣佈。

他們要將人類送上火星。

由於地球人口已經突破七十億大關，距離八十億近在咫尺。人口暴增，糧食缺乏，環境污染，氣候異常，在地球成為不適合人居住的星球之前，將人類移民前往地外行星，已經不只是科幻小說裡的題材，而是刻不容緩的重要課題。

這間規模龐大的跨國公司發下豪語，要在十年後，也就是二〇二四年時，將第一批人類送上火星。

就在全球媒體直播的公開發表會上，也同時徵求自願前往火星的人。公司會負責所有必要的開銷，也會給予他們相當程度的報酬。他們不需要付出什麼實質的代價，也不會有損失，只要人去就行了。

當然，唯一必須要有的覺悟就是，他們極有可能永遠回不了地球。

雖然在移民過程中意外死亡的可能性不高，但是大概一生都會待在火星了，發言人特別強調了這一點。

在發表之後，據說湧入了非常多的報名者。許多人都渴望離開地球，離開現在的生活，前往火星去探勘新天地。理所當然，剛開始不可能讓所有人都可以去，所以必須進行審查，只有通過所有條件的幸運兒，才能成為第一批移民火星的人。

雖然只有一次，但是許仲濤確實曾經聽伍英智提過這件事。

那時伍英智在閒聊時突然提起火星移民，而許仲濤對這個計畫相當感興趣，所以他們討論過一段時間。那只是基於一種對現況不滿的情緒，才會對能夠離開現實環境的可能性充滿興趣罷了，並不是真的想要去火星。就算不是火星，換成是其他地方，他們也同樣會充滿興趣，許仲濤當時是這麼想的。

而且他們之後就沒有再提起這件事，許仲濤聽完之後也沒有放在心上，所以就不了了之，沒有後續的發展。

一直到伍英智失蹤的時候，有一天許仲濤突然想起火星移民計畫，並且感到好奇，或許伍英智是祕密加入了這個計畫？

於是他上網查詢，但是卻沒有任何新發現。火星移民計畫才剛開始，仍在進行人員的面試與選拔階段，根本就還沒有發表合格者。而且就算發表了，伍英智也不可能入選。他已經四十多歲了，十年後就超過五十歲，真的要上火星，一定也是找年輕力壯的年輕人，又何必去找就要步入晚年的人？

所以他很快就否定了這個可能性，也沒有再去追查伍英智的去向。

雖然許仲濤不認為伍英智和火星移民計畫有關，不過他所能想到，可能和失蹤有關聯的，也只有這件事而已。至於伍英智是不是與人結怨，或跟人有什麼過節，進而導致他被殺害，許仲濤則是完全想不出來。

話說回來，他跟伍英智的交情本來就不深，並不知道太多事。畢竟他們平常沒有交集，許仲濤也無從得知。

「火星移民？那不是科幻小說裡面的題材嗎？怎麼了，現在已經是那種時代了嗎？」李常德說道。

「其實還早，雖然人類在幾十年前就上過月球，也不是每個人都能去月球旅行。就算二〇二四年真的有人去火星，那也只有那些人而已，要普及到全人類還早得很。」

「說的也是。你們就只聊了那麼一次？他都沒有說什麼特別的事嗎？」

「沒有，就只有那一次，之後也沒有再提起。而且他說的內容沒有什麼特別的，和我上網查到的都一樣。」

不過許仲濤覺得，雖然本來是這樣沒錯，但現在已經不同了。

伍英智死在簡安世的家中，而簡安世早已失蹤。兩個人雖然表面上沒有共同點，但卻都失蹤過，這讓許仲濤覺得非常在意。

他又想起火星移民計畫。對他來說，伍英智會說出這件事，其實是相當不搭調的，當時也讓他非常意外。伍英智並不像是會對科學感興趣的人，也不是對新事物很敏感的人。雖然伍英智對現況不滿，但是否真的積極在找尋捨棄現實生活的方法，許仲濤是存疑的。

如果火星移民成真，那些人會離開地球，等於是消失。

而伍英智和簡安世都失蹤，也等於是消失。

這是巧合嗎？

雖然相當牽強，但卻讓許仲濤無法忽視。

他湧起一股強烈的情緒，他現在非常希望知道伍英智究竟發生了什麼事。而在伍英智已經死亡的現在，他除了向其他人詢問之外，最好的方法，就是直接到他家去調查了。如果他真的做了些什麼事，有一些反常的行為，那麼家裡很可能會留下一些線索。就算警方曾經去調查過，但說不定會漏掉什麼。

許仲濤曾經送伍英智回家，他知道伍英智住在哪裡。

只是有一個問題，如果伍英智是在半年前被殺害，那麼他的住處說不定已經被賣掉了，那就萬事休矣。

許仲濤想到可以向李常德問這件事。

「伍英智既然已經被殺了，他又是一個人住，那他家怎麼辦？」

「好像還是保留原樣吧，聽說沒人去住。」

「為什麼？是沒有人可以處理嗎？」

「不，他有個哥哥，房子的所有權變成在他哥哥身上。不過聽說他哥哥全家住在美國，很少回台灣。在辦喪事的時候雖然有回來，但並沒有處理房子的事。大概平常也很忙吧，房子放著無所謂，所以就不急著處理。」

「原來如此。」

「怎麼了嗎？」

「只是好奇而已。空一間房子在那裡還滿浪費的。」

「是啊，反正屋主要那樣做，別人也管不著。」

既然如此，那許仲濤就可以進去調查了，而且還不會有人來打擾。

許仲濤覺得他的運氣非常好。

除了他自己以外，這件事沒人知道，而且也沒想到會在這時派上用場。

許仲濤有伍英智家的鑰匙。

出國前來不及拿去還，當時也沒放在心上，沒想到竟然可以在這時派上用場，人生總是有著意想不到的發展。

許仲濤和李常德又交換了一下意見，但並沒有什麼特別值得注意的事。於是他向李常德道謝，李常德揮了揮手，回到原本的位子。

店裡的客人漸漸多了起來，聲音也開始變得愈來愈大。許仲濤覺得在這裡待得夠久了，也到了該走的時間，於是結帳後便離開。

現在是九月，白天仍然非常炎熱，在他走進店裡時都還是一樣。到了這個時間，外頭的溫度終於降了下來。這裡的道路不大，經過的車輛也不多，他想招輛計程車，便往大馬路走，同時也在思考著什麼時候去伍英智家。

第二天是星期六，他在家裡找到伍英智的鑰匙。

許仲濤手上會有這把鑰匙，純粹只是意外，並不是他不懷好意去偷來的。

他以前曾經送過伍英智回家。那天伍英智已經喝到爛醉，根本無法一個人離開，但又不能把他丟在酒館裡，於是當天一起喝酒的許仲濤只好幫忙送他。不過也只有那麼一次，以前從來不曾發生過，之後也沒有。由於伍英智沒有找過麻煩，兩人相處都還滿愉快的，所以許仲濤倒也沒有什麼怨言，就只是幫個忙而已。

幸好伍英智還說得出他家的地址，就這樣兩人搭了計程車，到了巷口。許仲濤扶著伍英智走到樓下，要他拿出鑰匙。伍英智將手伸進外套口袋，拿了老半天才將鑰匙取出來。許仲濤接過之後，用鑰匙開了一樓的大門。

但因為伍英智的意識太不清楚，許仲濤等於是要扛著他上到四樓，而且老舊公寓又沒有電梯，實在是一項重勞動。扛著一名成年男子走上樓梯，等進到四樓的伍英智家中，許仲濤已經是滿頭大汗了。

讓伍英智坐到沙發上後，許仲濤覺得應該就夠了，所以也就離開了。伍英智家的大門是只要關閉就會自動鎖上的鐵門，不需要再用鑰匙上鎖，所以許仲濤只要關門就行，這時對他來說，鑰匙已經是不重要的東西了。

一直到過了好幾天以後，他穿上同一件外套時，才發現口袋裡竟然有一串不知道哪裡來的鑰匙。他仔細回想，這才想起，應該是那天在開完伍英智家的鐵門，因為還要扛人，所以順手就將鑰匙放入口袋。進門之後，由於注意力都在想辦法讓伍英智坐到沙發上，竟然也就忘了要把鑰匙拿出來。

許仲濤雖然也考慮過，是不是該找個時間去還鑰匙。不過轉念一想，既然都已經過了這麼多天，伍英智應該也只會以為是鑰匙掉了而已，然後找出備用鑰匙來用，所以大概不會是什麼太急迫的事。

下次去龐畢奇的時候再還他吧，許仲濤雖然這麼想著，但畢竟事不關己，他隨後就忘了這件事。之後見面時也沒有想起，鑰匙就這麼一直留在他家。

如果沒有這串鑰匙，那麼他或許不會採取行動。但是既然有，那大概算是天意吧，好像應該要做些事才行。

許仲濤並不想知道殺死伍英智的人是誰，但他卻很想知道伍英智失蹤的那段時間到底去了哪裡。許仲濤不知道這兩件事有沒有關係，但既然發生了，或許已經和伍英智剛回來時不同，有機會查出點什麼來吧。

下午，他開車前往伍英智內湖的住處。

他將車停在路邊的停車格，走進巷子裡。他就只來過那麼一次，不但是深夜，還必須扶著伍英智前進，所以對附近並不是記得很清楚。但是在這個時候，除了憑著記憶以外別無他法，他努力回想當時的路線，一面觀察四周，一面走著。

花了一點時間，他走到了。

那是四層樓的公寓，屋齡看來相當老舊。這棟公寓和兩旁公寓的距離很近，彷彿已經連結在一起，形成了一面巨大的牆壁。

伍英智的住處在四樓，就在這座巨牆的頂端。

許仲濤拿出鑰匙，插入一樓大門的鑰匙孔。往旁一扭，門內發出清脆的金屬撞擊聲，門打開了。

能打開一樓大門的鎖是在預期之中，因為是公寓住戶共用，換鎖的可能性非常低。但伍英智的門鎖是不是會換，那就只能碰運氣了。

他走進樓梯間，走上樓梯，一路上都沒有遇到其他人。

然後，他來到四樓。

從位置來看，應該是這一戶沒錯，但他對這扇大門的樣式卻沒有印象。大概是因為那天他忙著要扛伍英智，心思完全沒有放在大門上的關係吧，記不得倒也是合理的。

他看了一下四周，沒有人，時機剛好。

他很快地將大門鑰匙拿在手上，想要打開門鎖。

等一下，他突然停下動作。萬一裡頭有人的話，那該怎麼辦？雖然李常德說這裡現在沒有人住，他也覺得應該不會有人。但就算平常沒有人，難道就不會這麼剛好，他的哥哥正好在這時回台灣來處理這棟房子的事？

許仲濤愈想愈覺得心裡發毛，如果裡頭有人，而他就這麼開門進去，那可是闖入民宅的現行犯，跳到黃河都洗不清了。

他想了一下，有個最簡單的方法，就是按電鈴。這個方法雖然不甚牢靠，不能保證裡頭的人必然會回應，但總是有一定的效果在。反正他在門外，如果裡頭有人，隨口編個理由也就過去了。只要還沒開門，他什麼罪都沒有犯下。

他伸手按下電鈴，裡頭傳來響亮的鈴聲。牆壁與鐵門無法有效阻擋鈴聲，在外頭仍然聽得一清二楚，這出乎他的意料，也讓他嚇了一大跳。此時，他只希望隔壁住戶不在家裡或者沒有聽見，不要出來打斷他的行動。

過了一會兒，門內沒有反應，鄰居也沒有出來。

應該沒有問題吧，於是他取出鑰匙，插入鑰匙孔。就像樓下的鐵門一樣，這裡的大門也很順利地打開了。

許仲濤走進門內。

裡頭不大，應該只有十多坪吧，他的視線很快就將室內掃過一遍。

長方形的空間，中間是高度至天花板的木櫃，大致將室內分為前後兩個部分。緊臨著大門的空間是客廳，在木櫃前有三人座沙發與茶几。而在大門旁邊的的牆壁前，也就是沙發的正前方，有一個電視櫃，上頭放了電視與電話。

家徒四壁，客廳裡只有簡單的家具，沒有多餘的東西。再裡頭應該就是臥室與浴室了吧，不過因為有一大半被木櫃擋住，從這裡看不到。

裡頭沒有人，他感覺不到人的氣息。因為覺得沒人，所以他也就放下心了，打算將大門關上，再好好地調查一番。

他一轉身，望向大門的方向，卻嚇了一大跳。
身後原本空無一人，現在卻站著一名男子。
突然間發現有人，這個突如其來的發展讓他不禁倒抽一口氣，身子不自覺地往後退了一步。
而當他看清楚眼前的景況時，更是讓他全身寒毛直豎，嚇出一身冷汗。
男子的右手握著一把槍，槍口正對著他。

## 2

「你是誰？」
男子以低沉的聲音問道。
「我、我不是小偷……不、不要誤會……」
意外的事態發展，讓許仲濤心裡非常驚慌，說話也變得斷斷續續。極度驚恐讓他的身體變得僵硬，無法動彈。
剛才還怕屋內有人，所以先按了電鈴以做防範。卻沒想到是在進來之後才有人出現，這下子可真是完全成了現行犯。
而且對方的手上竟然還拿著槍，這實在是最為險惡的情況了。
「你叫什麼名字？」
「我……我叫許仲濤……」

「為什麼闖進這裡？你有什麼目的？」

男子的眼神銳利，疾聲問道。

許仲濤深吸了幾口氣，讓情緒稍微冷靜一點，然後才緩緩說道：

「我是伍英智的朋友，今年幾乎都待在國外，很久沒跟他見面。」

「伍英智的朋友？」

「昨天在吃飯的時候，聽說他發生了一些事情，覺得很擔心，所以才過來這裡關心一下而已。我真的不是小偷，請你不要誤會。」

「這個說法可說不通，如果你是聽朋友說的，那你應該也知道他已經死了吧。既然你知道屋裡不可能會有人，不正是擺明了要趁著這裡是空屋的時候進來闖空門嗎？擅自闖進空屋可稱不上是關心。」

「當然不是，我不是來偷東西的。」

「所以你承認知道他已經死了，對吧。」

「……對。但是請等一下，如果我是要闖空門，不會挑在這種大白天的，不是嗎？想偷東西的話，趁著晚上過來，不是更方便嗎？」

「我不想聽這些藉口，你最好搞清楚自己的立場，現在的你就是個擅闖民宅的可疑份子。我有很多事要問，你為什麼會有這裡的鑰匙？」

「我什麼都說，絕對會完全配合。只是你可以先把槍放下來嗎？這樣子被槍指著頭，我很難說話啊。」

許仲濤大著膽子提出這個要求，他也知道自己處於劣勢，但比起被槍指著，還是先解除這樣的狀況比較好。

「這樣不方便說話，進去裡面吧。你先走。」站在門外的男子說道，槍還是沒有放下來。

許仲濤沒辦法，只能照著他的話做。於是他從大門旁邊走進客廳，然後站在沙發旁邊。男子也跟著走了進來，待在茶几旁，和許仲濤保持了一段距離。握槍的右手雖然放了下來，但仍然充滿警覺的樣子，似乎隨時都可以行動。

或許是不想被人打擾，男子剛才走進來時已先將大門掩上，不過並沒有關上。

雖然男子還是沒有將槍收起，但至少已經放了下來，不再對準自己。來自對方的威脅已經減輕，這讓許仲濤鬆了一口氣。

「請問你……你是？」

男子看著許仲濤，從胸前的口袋取出像是證件的東西，然後展示給他看。上頭寫著「刑事警察」，看起來像是刑警的證件。

「你是警察？」許仲濤問道。

男子點頭。

許仲濤並沒有看清楚證件上的內容，事實上他從來沒有看過刑警的證件。但在這時，他也沒辦法去做驗證。

原來這個人是便衣刑警，那就難怪他有手槍了。但就算如此，拿槍指著一般老百姓仍然是無法想像的事，根本就是執法過當吧。

「可是你這樣隨便就拿起手槍對著人，很危險吧？」

「對於擅自闖進民宅的現行犯，而且屋主還是別起案件的被害者，我將你視為嫌疑犯，也是理所當然的吧。」

男子毫不在乎地說道。

他說的是沒錯，但是許仲濤對自己被當成嫌疑犯，卻也感到反感。

「我是伍英智的朋友，跟他被殺害的事件毫無關係。」

「我還沒遇過幾個犯人會不打自招的，你說的是不是實話可沒有證據證明。再說就算你們認識好了，擅自闖入可不是朋友該做的事。」

許仲濤承認男子說的沒錯，雖然他還是很不服氣。

「你該回答我的問題了，為什麼會有這裡的鑰匙？」

許仲濤老實地將所有經過都說了出來。他會取得鑰匙本來就是意外，不是偷來的，所以沒有什麼好隱瞞的。

「這種事倒也不是不可能發生，我就姑且相信你的說法。」

「真是謝謝你了。」

「你為什麼要來這裡？你很清楚在這裡不會碰到人，所以才過來的吧。你的目的是什麼？來這裡做什麼？」

男子問的問題非常理所當然，許仲濤也知道他一定會問。因此他從剛才開始，就一直在思考應該要怎麼回答比較好。他並不想說真話，於是準備好了一套說詞。他說道：

「他以前跟我借了東西，借了很久都沒還。之前一直都沒跟他要，但是昨天知道他死了，想說如果再不來拿，以後說不定也沒機會了。因為他的親人不知道什麼時候才會回台灣，不知道要等到什麼時候才能取回。我想了很久，一直在想有沒有什麼方法。後來突然想到我有鑰匙，又覺得反正這裡沒人住，我也不是來偷東西，只是來拿回自己的東西而已，所以覺得應該沒有關係吧，就過來了。」

許仲濤說了謊，但他覺得這算是相當充分的理由了。

「你借他的是什麼東西？」

「一張民歌ＣＤ，我好不容易才買到的。」

男子思考了片刻，用冷酷的眼神看著他，說道：

「你想吃子彈嗎？」

許仲濤深吸了一口氣，男子擺明了根本不相信他的說法，但他覺得自己的理由很充分，不知道哪裡出了破綻。

「你最好老實一點，不要鬼扯些別的。」

「警察先生，你憑什麼認為我在說謊？」

「還不說實話嗎？好吧，你想知道的話我就告訴你。」

男子看著許仲濤，冷冷地說道：

「要說謊之前，你也該先觀察好周遭的環境。這間屋子裡並沒有ＣＤ播放機。沒有播放機卻向你借ＣＤ，是要拿來當飛盤嗎？」

許仲濤吞了一口口水，這倒是出乎他的意料。

「你站在玄關，怎麼看得到裡頭的房間有沒有？」

「我早上來過這裡，知道屋內有哪些東西。很不巧的，沒有半張ＣＤ，也沒有播放機，更沒有電腦這種可以播放ＣＤ的機器。不相信的話，你現在可以在屋內走一圈，找找看有沒有你說的ＣＤ。」

「也許他是拿去賣掉了。」

「把別人珍貴的收藏拿去賣掉？你相信自己的說法嗎？」

「……不。」

「鬧劇結束了，請說實話。」

許仲濤嘆了口氣。

「警察先生，擅自闖入這裡是我的不對，我很抱歉。但我真的和事件沒有關係，你可以去調查。」

「這種事我自己會判斷。」

男子很冷酷地回答。看來許仲濤不管說什麼，對他都發揮不了效用。這也難怪，如果站在客觀的角度來看，自己的確是很可疑的。只是持有鑰匙就擅自闖入，除了偷東西以外，還能有什麼解釋呢？許仲濤對男子的懷疑倒是不感到奇怪，只是他也覺得，不過是來調查情報卻遇上警察，真的是很倒楣。

但現在形勢比人強，已經不由得他不說。他嘆了口氣，先在腦中做好整理。然後他開始說明，從昨天晚上在酒館聽到的事情開始，到火星移民計畫為止，全部都告訴男子。在他說的過程中，男子不發一語，就只是一直聽著他說，看來相當專注。

花了好一段時間，他說完了。

「就是這樣嗎？」

「對，就只有這樣而已。」

「你還沒說為什麼要來這裡。」

「我會說的，不過在那之前，我可以先問你一些事嗎？」

「什麼事？」

「先請教大名。」

「任篤傑。」

「你真的是警察？」

「剛剛給你看過證件了，不相信的話你可以打電話去刑事警察局問。」

「你早就知道我要來了，對吧？」

「你為什麼會這麼想？」

「你剛剛說早上就來過，但是怎麼想都覺得奇怪，伍英智被殺害已經是半年前的事了，為什麼現在才又突然繼續調查？而且早上來過一次就罷了，你下午又來了一次。這裡已經半年沒人住，根本不可能會有什麼變化，沒有理由來兩次。而且你在我剛開門的時候就出現，時機實在太剛好，顯然是在旁邊埋伏，不然不可能會這麼湊巧。因此，除了你早就知道我要來，所以在這裡等著之外，沒有其他的解釋了。」

任篤傑的表情顯得有些意外。

「你的推理很具說服力。」

「彼此彼此。」

「你說的沒錯，我的確知道你要來，不然我根本沒有理由來這裡。為了要等你，花了大半天的時間，不過倒是沒有白費就是了。」

「為什麼？我昨天晚上才在酒館聽說這件事，而且要來這裡前也沒告訴任何人，你怎麼可能知道？」

「我有個朋友，昨天也在酒館，就坐在你的附近。你們的談話都被他聽到了，而他覺得事情可能會有意外的發展，所以通知我，說不定你的出現會讓伍英智被殺害的事件有所突破。我是來碰碰運氣，倒沒想到你的動作很迅速，第二天就來了。」

「但我並沒說要來啊。」

「所以我說只是碰運氣。半年前發生的殺人事件，被害者的朋友剛回國，對事件也很有興趣的樣子，雖然好像沒有直接關聯，但是說不定會成為新的調查方向。他不認識你，問了老闆，也不知道你住哪裡，所以沒辦法直接找上你。但他覺得從你的反應看來，似乎對伍英智的公寓很有興趣的樣子，所以我才想到可以來這裡等。」

「那個人是你的線民嗎？」

「不是，他在開偵探社，平常跟監慣了，也習慣收集情報，所以對這類事情比較敏感。你要說是線民也無所謂，我花錢跟他們買情報，然後也會透露一點訊息給他們，再拿點回饋。大家互利，只是這樣而已。」

「隔牆有耳還真不是講假的。」

「酒館裡連牆都沒有。」

「說的也是。不過警察跟老百姓收錢不太好吧。」

「那不關你的事。我已經說完了，也該輪到你說實話了吧。」

任篤傑沒有再說話，只是看著許仲濤。

許仲濤想了一下，他並不想講，但是現在卻也由不得他了。

「我對伍英智被誰殺害並沒有興趣，老實說我們也只是認識而已，算不上什麼好友，沒有道理幫他找凶手。命案的調查是警方該做的事，我不想跟警察扯上關係，那也不是我的專長。我唯一想知道的，只有他在失蹤期間去了哪裡而已。」

「為什麼？」

「因為我想離開現在的生活。」

回頭看看自己的人生，其實都只不過是微不足道的小事罷了，許仲濤心想。

他現在四十二歲了，但是回想起過去這二十年，卻沒有什麼值得讓他回憶的事情。他曾經為了家庭而努力工作，拼命賺錢，但結果卻失去了自己，最終也失去了家庭。還有比這更可悲的事嗎？

許仲濤的思緒飄向遠方。

他在二十七歲時結婚，妻子比他小一歲，算是相當早婚的。

他們從大一就開始交往，因為年輕，中間倒也經歷過不少風風雨雨。從熱戀到爭吵，從差點分手到合好，雖然不能說是非常順利，但卻也是走了過來。所以算一算，從十九歲開始，到結婚時已經交往了八年。

而在許仲濤退伍，並進入社會開始工作之後，他們也就很自然地住在一起，開始了同居的生活。

兩人已經交往了這麼久，結婚對他們來說，除了身分證上的配偶欄不再是空白之外，在生活上並沒有不同。而這可能也是當初對結婚並沒有什麼抗拒的原因吧。

會這麼年輕就結婚，主要是因為想生小孩的緣故。

他的妻子名叫林采芸，她一直都希望能有個小孩，而且她希望能在三十歲前生兩個小孩。以三十歲的時間來推算，那麼當時已經二十六歲的她，還想要生兩個，也已經沒有多少時間可以再等下去了。

從決定結婚開始，雖然也遭遇到許多準新人都會有的問題，但是並沒有太大的波折，很順利就完婚了。

沒有刻意避孕的結果，婚後半年采芸就懷孕，十個月過後很順利地生產。

是個男孩。

許仲濤在二十九歲時當上了爸爸。他當然非常高興，雖然采芸比他想要小孩，但是真的見到自己的兒子，他覺得就像天使一樣。他將全部的精神都花在工作和家庭上，一心只想為采芸和兒子建造一個完美的樂園。

他們沒有再生第二胎，並不是不想要，也沒有避孕，只是不知為何，一直都沒有好消息。雖然這是采芸的心願，但他們倒也沒有強求，畢竟已經有了一個寶貝兒子，還不急著再為他添一個弟弟或妹妹。

他的生活非常單純，不是工作就是回家，通勤的路線也總是一樣。人生變得好像就只有這兩個地方可去，他總是這麼自嘲。

但是回過頭一想，或許還真是如此。那時就算要他去其他地方，他也不知道該去哪裡，甚至連和朋友或同事聚餐的次數都少得可憐。

後來他才發現，原來從那個時候開始，他就已經沒有自我了。

他所有的一切，全都奉獻給家人。賺的錢幾乎全數用於家計，他只有一點點的零用錢。沒有任何興趣與嗜好，也沒有那種時間。畢竟平常日要上班，假日就是陪老婆和小孩，連自己個人獨處的時間都極為奢侈，當然更生不出多餘的時間。

但是當時的他並不以為苦，他認為男人就應該是這樣的，家裡的事就是要一肩扛起，這樣才算是個男人。

他甘之如飴。

如果就這樣一直下去，或許也不錯吧，他心想。只是人生畢竟沒有那麼平坦，試煉總是會在最平靜時出現。

打亂他們人生軌道的，是一場車禍。

那是在兒子六歲的時候，正準備要上小學的那個夏天。

采芸和兒子在購物回家的途中，被一台白色轎車撞上。雖然是白天，但是駕駛喝了不少酒，是酒駕。

采芸身受重傷，兒子則是當場死亡。

那場車禍，奪走了他的兒子，也摧毀了他的家庭。

采芸無法接受這樣的事實，在醫院裡得知兒子已經死亡的事實時，大哭大鬧，呼天搶地，甚至必須讓醫生打了鎮靜劑才能讓她安靜下來。但是在她醒了之後，卻還是一樣大吵大鬧，除了盡力安撫她之外，真的沒有辦法的時候也只能再打鎮靜劑。

在很多天之後，或許是已經接受了事實，也或許是根本無法接受事實，采芸不再哭鬧，反而變成像是沒有靈魂的軀殼。

那個樣子，就像是想要去尋死的人一般。

許仲濤和親人們都非常擔心她，所以輪流在她旁邊陪著，不讓她有機會可以自己一個人獨處，絕對不能讓憾事發生。

兒子死了，許仲濤當然非常難過，也總是在沒有其他人的時候掉眼淚，但是既然采芸已經變成這個樣子，他總不能也跟著崩潰。他只能強打起精神，處理一切後續事宜。

後來采芸在醫院裡將傷養好了，可以回家休養了。只是對許仲濤來說，他雖然高興采芸的身體好轉，但卻也不知道這該不該算是好事。如果采芸繼續住院下去，他就必須負擔住院的醫藥費，雖然有保險，但仍然是一筆負擔。

不過在醫院裡有人看著，就算親人不來，也有護士可以幫忙，他會比較安心。回家後，只剩下他自己一人，他變得沒什麼信心可以看守住她。雖然看起來，采芸已經沒有想要尋死的念頭，但是萬一那只是藏起來的話呢？

許仲濤一想到這個，就覺得害怕，沒辦法再思考下去。

但畢竟傷已經好了，不能再繼續住院下去。無論如何，最後總是要回家的。

許仲濤將采芸接回家中，而采芸也不去工作了，整天就是待在家裡，幾乎不出門。許仲濤非常擔心，但不能連他也沒有收入，他的工作還是必須繼續才行。他只能儘量早點回家，好好照顧妻子。

日子一天一天的過，采芸的精神狀態時好時壞，並沒有完全恢復。她並沒有表現出太激昂的情緒，更多時候都像是個空殼。

一年過去，他已經不擔心采芸會自殺了。

而他也開始覺得累了。

人不可能一直維持著緊繃的情緒，可是這一年來，他卻總是精神緊張。要照顧精神衰弱的采芸，他必須逞強才行。

任何事情都有限度，他終於到了臨界點，他覺得撐不下去了。

於是他開始早出晚歸，藉口工作，每天都到很晚才回家，過了十二點才回家也是常見的事。有時候是加班，有時候是在外面自己喝酒，總之就是不想回家。

這樣的生活轉眼也過了兩年，他已經習慣了只把家裡當成旅館的生活。但他卻沒有想到，不可能一輩子都是如此。終於采芸提出了離婚，離婚協議書被放在桌上，上頭已經填好了資料，只差他的簽名而已。

不是只有他在忍耐，采芸也在忍耐啊。

在這個時候，他突然理解到這點。

不過他也很清楚，已經不能再一起生活下去了。

他心裡不是沒有抱怨，他知道采芸所受的折磨。但是他也一樣啊，同樣承受著喪子之痛，為什麼他必須要一肩扛起，采芸卻放任自己無止盡地哀傷？完全不理會現實，只是一味地沉浸在悲傷中，這樣不是太狡猾了嗎？他也希望能夠拋開一切逃離現實，但是那怎麼可能做得到？

如果采芸能夠站起來，和他一起往前看的話，事情應該就不會走到這個地步了吧。但他無法責備采芸，連一句重話都說不出口。

離婚應該是最好的解決方法吧。

他很清楚采芸的個性，知道她做下了決定就不會再反悔。儘管如此，他還是和采芸面對面，好好地談了一場。他已經累了，采芸也不想再守著這個只剩空殼的家，於是很快就達成共識，他在離婚協議書上簽了名。

這棟房子登記在采芸名下，所以許仲濤必須搬出去。儘管自己必須去租屋，時間好像倒退二十年一樣，但就算房子不是采芸名下，他也會搬出去的。他只覺得讓采芸不用煩惱居住的地方，那是最起碼應該做到的事，至於自己，怎麼樣都過得下去，待在哪裡都一樣。

他找到了租屋處，也很快地整理完行李。然後，他們找了一天去戶政事務所，很順利地辦妥了離婚手續。在搬進新住處的那天，一切東西都搬完，總算可以好好休息一下之後，他總算清楚地意識到，自己變成孤單一人了。

從那一天起，他存活在這個世界上的理由就已經消失了。

他從來沒有考慮過自殺，連一次都沒有。並不是不想死或是不敢死的問題，而是沒有必須選擇死亡的理由。

他還是在工作，賺取微薄的薪水，攝取食物維持生命。但除此之外，他沒有任何目標。所謂的行屍走肉，或許就是這個樣子吧。只是一天過著一天，年紀不斷增長，體力變差，身體老化，逐漸邁向死亡。

但就算如此，他仍然沒有採取任何作為。對於已經失去目標的他來說，早就沒有突破現狀的想法了。

改變他的想法的，是伍英智。

伍英智去了什麼地方呢？許仲濤非常想要知道。

事實上，他對於這樣的自己，也覺得有點新鮮，因為他也不知道自己竟然會這麼想。在伍英智失蹤六個月後才回來時，他雖然也很好奇，但卻沒有真的採取什麼行動去調查伍英智經歷了哪些事。

但現在不一樣了。伍英智遭到殺害，死在簡安世的家中。而不但伍英智曾經失蹤過，連簡安世都已經失蹤多日。

他不禁覺得，冥冥之中似乎有天意在主導著這一切。

他對伍英智為何被殺，以及被誰所殺，並沒有什麼興趣，反正也不會是什麼多特別的理由吧，不外乎就是情財仇。但他卻幻想著，伍英智和簡安世都曾經去到一個超乎想像的地方，過著不同的生活。

如果真是如此，那他也想去。

他可以拋棄現在的一切，反正他早已一無所有。

他不在乎伍英智被殺的真相，但如果要去那裡，就必須先查明真相才能去的話，那他也只能這麼做。

這就是他來到伍英智的家中，開始調查的理由。

許仲濤花了很長一段時間才說完，回顧自己的過去，還是會讓他覺得心情有些波動，儘管已經過去很久了。

任篤傑是個很好的聽眾，他只有在許仲濤說不清楚的時候才打斷，其他時候都是讓許仲濤一直說下去。

「你想找到什麼？應該有個目標吧。」

「老實說我不知道會找到什麼，本來就只是來碰碰運氣，不過我想先找找看有沒有和火星移民計畫相關的資料。」

「有可能會有關係嗎？」

「這我也不知道，考慮到伍英智的年紀，他不太可能直接和這個計畫相關，但在以前的談話中，有可能會和失蹤扯上關係的，好像也只有這個計畫了。運氣好的話，說不定可以由這裡去查到別的東西。」

「其實硬要扯上火星移民計畫是還滿牽強的，如果那個計畫才剛開始，連入選者都還沒決定的話，又怎麼可能會讓伍英智失蹤。」

「這我也知道，不過就只是個出發點而已，我沒想那麼多。話說回來，警察先生，你相信我跟伍英智被殺是沒有關係了嗎？」

「你說的話都很合理，不過人不可貌相，我們的工作就是懷疑與案情相關的所有人，所以我還不能相信你是無辜的。」

「是嗎？」

許仲濤嘆了一口氣。

「你倒也不用那麼沮喪，如果你說的都是真的，那麼你的不在場證明會很明確。如果能確定你在案發時間沒有回國，那就不可能是你直接下手的。我想這點很容易查，不用花多少時間就能確定了。」

雖然任篤傑的話中似乎沒有將他當成凶手，不過許仲濤還是聽到了無法忽視的字眼。

「直接下手？」

「難保你不是買凶啊，不是嗎？而且這麼一來，在國外的不在場證明就變得極為堅固，反而是你可以利用的優勢。」

許仲濤沒有反駁，任篤傑的主張的確沒錯。不過因為許仲濤可以感覺到任篤傑並沒有把他當成凶手，所以他也已經不再那麼焦急。

「我沒有什麼話要問你了，這裡我早上也看過，不打算再查下去。你要查的話就繼續查吧，不過在我走之前，需要拿到你的聯絡方式。你有帶名片吧，給我一張。」

許仲濤並沒有帶名片夾，不過他記得皮夾裡也放了幾張以備不時之需。於是他取出皮夾，拿了一張名片，遞給任篤傑。

任篤傑看著名片，然後從外套口袋裡拿出手機。

「你有帶手機嗎？號碼就是名片上面寫的？」

「對。」

任篤傑將電話號碼輸入到手機裡，然後撥了這個號碼。

很快地，許仲濤的手機響了起來。

任篤傑大概只是想確認電話號碼的正確性，所以也沒有等許仲濤接通，就將電話掛斷。雖然不是個受信任的舉動，不過考慮到雙方的立場，許仲濤倒也不覺得被冒犯，那就只是個確認的動作而已，不需要想太多。

然後，任篤傑從口袋裡拿出名片，遞給許仲濤。

「你如果查到了什麼，就打電話給我。」

許仲濤接下名片，不知該說什麼。

「我先走了。」

任篤傑做了個手勢，然後走出大門。

任篤傑這麼乾脆地離開，倒是讓他相當驚訝。

在踏進屋內之前，他不可能料想到會有這種發展。他說出了自己的過去，而且是在這種毫無預期的情況下。他以為不會碰到任何人，可是不但認識了一個警察，還交換了聯絡方式，這樣算是有收穫嗎？

在這個時間點，他甚至還沒搜索屋內，沒查到任何有用的線索。許仲濤呼出一口大氣，這個發展實在太出乎他意料了。

他思考著接下來要做什麼，剛剛才走進來而已，就被任篤傑拿槍指著頭，根本就沒有時間可以調查室內。

於是他決定先在裡頭走一圈，看看有什麼異狀。

就像他剛才進來時看到的，室內是長方形的空間，被中間的木櫃大致區分成前方的客廳與後方的寢室與浴室，是很簡單的空間配置。

室內只有十多坪，空間不大，畢竟伍英智是一個人生活，不需要太大的地方。

人啊，其實也只需要一口棺材的空間罷了。

許仲濤忘記是聽誰這麼說過，但他卻也頗有同感。就像現在的他，住在很小的公寓裡，卻不覺得有什麼不舒適或不方便的地方。他反而覺得，住在偌大的豪宅裡，但是家人感情卻不好，不是更顯得孤單嗎？

他走回客廳，沒有什麼發現。

他只對伍英智為何失蹤有興趣，而他認為火星移民計畫雖然看起來無關，但卻總是有著相當大的吸引力。他不認為伍英智會去報名，或者報名之後會被選上，但是火星移民就代表會離開現實生活，而這和他曾經失蹤過六個月又有著某種程度的相似性，這都讓他無法忽視火星移民計畫的存在。

他當然也很清楚，就像任篤傑說的，這種關聯非常牽強。但是在毫無頭緒的現在，從這裡出發也沒什麼不好的，至少有個著力點。

所以他的目標主要是放在這個計畫上頭，他想在伍英智家中找到相關的文件或資料。於是他從客廳開始，找遍了整間房子，包括桌子、衣櫃、櫥櫃，只要是有可能放東西的地方，他都找遍了。

許仲濤也是一個人生活，而且他來過一次，所以他可以想像伍英智家中的東西大概不會太多。但是比起他原本的預期，伍英智家中的東西卻少得讓他驚訝，幾乎全都是生活必需品，沒有太多用不到的東西。

這麼看來，伍英智似乎沒有基本需求以外的活動，不需要什麼東西。雖然伍英智家裡不大，本來就塞不了太多東西，但還是少到讓許仲濤驚訝。

所以他並沒有花多少時間就找完了，並沒有看到和火星移民計畫有關的東西。

接下來，他還有一個東西要找，就是趙正航的電話。

當初許仲濤會知道伍英智失蹤，就是因為趙正航到龐畢奇去找人的關係。不然他和伍英智平常不會聯絡，就算幾個月沒見面也不奇怪，所以他很可能在伍英智離開的期間，都完全沒有察覺到這件事。

所以許仲濤認為，趙正航是比較有可能知道更多伍英智消息的人。在伍英智回來之後，他們或許有見過面，而如果這樣的話，那趙正航就很有可能知道一些事情。畢竟他的失蹤很異常，趙正航應該也會感到好奇才對。因此許仲濤認為有必要跟趙正航見個面，而這也是他唯一能想到的人了。

他們雖然認識，但並沒有到彼此留電話的交情，因此許仲濤無法聯絡上趙正航。而既然伍英智不在了，趙正航可能以後也不會再去龐畢奇，許仲濤就算在那邊守株待兔也不見得有用。想要取得聯絡方式，來伍英智家裡找電話號碼是最直接的。

如果這裡沒有，就只能打去查號台問了。

這倒也是個方法，不過如果能在這裡找到，那是最準確的了。如果真的找不到，再來考慮查號台吧。

許仲濤準備再搜索一次，這次他的重點是放在電話簿與筆記本上。現在的人應該很少會把電話號碼寫下來，通常都是記在手機裡，不過伍英智已經是中年人了，他或許還保留著過去人們的習慣，會將電話號碼記在電話簿裡。如果是這樣的話，那許仲濤就非常有機會拿到趙正航的電話了。

而如果伍英智的習慣一如往常，那麼電話簿大概也會放在電話旁邊，這樣才方便查閱，於是許仲濤先從電話附近找起。

果不其然，正如他所料。電話在電視櫃上，而在櫃子的抽屜裡就放有一本電話簿。古老的習慣幫了大忙啊，他連忙拿起來翻閱，很快就找到了趙正航的名字，而且區域號碼是０３，那正是桃園的區域號碼。

這個名字雖然不算特殊，不過伍英智應該不至於認識兩個住在桃園的趙正航，這種可能性極低，所以大概就是這個電話沒錯了。

不過為了保險起見，許仲濤還是將所有的頁面都用手機拍照下來，免得還要再跑一趟。如果又被當成是闖空門的，那就麻煩了。

許仲濤突然覺得其實任篤傑並沒有找他的麻煩，而且還讓他在這裡自由搜索。老實說，如果任篤傑硬是要給他安上個擅闖民宅的罪名，許仲濤是躲不掉的。就算罪行可能不重，但卻也是麻煩事一件，他光想就覺得頭痛。

對了，任篤傑說過，他會跟線民拿錢。這麼說來，他可能是個走在法律邊緣的警察吧。如果有事的話，說不定可以找他幫忙。許仲濤本來不想再跟任篤傑打交道的，但是現在覺得或許也不是壞事。

還有剛才也提到，有個開偵探社的人在龐畢奇偷聽他說話。雖然他對那個偵探的多管閒事不是很高興，不過他畢竟以前也沒有委託過偵探，不知道怎麼下手。所以如果有需要委託偵探社的話，那倒也是一個方向。

來到這裡一趟，許仲濤並沒有太多的發現，但他至少有辦法可以找到趙正航了，或許會有一些進展也說不定。

許仲濤決定回家後再打電話給趙正航。雖然伍英智家裡也沒人，應該不會被打擾，不過他也擔心如果聲音傳了出去，被鄰居聽到，說不定會惹上什麼麻煩。

當然剛才和任篤傑談話時，可能就已經被聽到了，不過已經發生的事也沒辦法改變，他還是覺得儘量低調一點比較好。如果因為音量的關係導致鄰居懷疑，然後又惹來一個警察，同樣的事情再來一次，他可吃不消。

他走出伍英智家，慎重地將大門鎖上，然後迅速下樓。沒有再發生其他意外，也沒有人向他搭話，剛才的事情沒有再發生，他很順利地離開。

他走回停車場，打開車門，坐進駕駛座。這時，他終於鬆了一口氣。他讓自己的心情稍微平靜一點之後，開車回家。

到家後，他立刻打了電話。

## 3

電話鈴聲響了一陣子，雖然想想也不是什麼大不了的事，不過許仲濤還是覺得有些緊張。在許仲濤的心裡七上八下的時候，電話接通了。

許仲濤先詢問對方是不是趙正航，確定是之後，他表明身分，並說明以前曾經在酒館見過面。趙正航想了一陣子，似乎不是很確定，於是許仲濤立刻再補上自己的一些特徵，幸好趙正航還記得，這也讓他稍微安心。

許仲濤說明他才剛回國，昨天才知道伍英智已經死了。而他表示曾經聽伍英智提過火星移民計畫，也覺得不太對勁，懷疑或許和伍英智被殺有關，於是他想問趙正航是不是也曾經從伍英智那裡聽過一些事情。

趙正航大概也沒有想太多，雖然許仲濤並沒有調查的理由，但趙正航卻沒有多問。他表示在伍英智失蹤六個月再回來之後，他因為一些私人的原因，所以到伍英智家中去住了一陣子。

許仲濤不知道這件事，但他卻也猶豫著該不該詢問是什麼樣的私人原因，畢竟趙正航不說，大概就是不方便說吧，他最後決定先看看情況，不急著問。

後來趙正航回家了，不過幾天後卻想起有東西忘記拿，所以又找了一天去伍英智家。就在那天，趙正航接到一通要找伍英智的電話，是年輕女子的聲音。伍英智表示是私事，希望趙正航暫時避一下，於是他便走出大門，並沒有去聽談話的內容。

不過就在趙正航走到外頭，剛要關上大門的時候，隱約聽到了幾個字，只是他不確定有沒有聽錯。

許仲濤連忙追問，趙正航表示，他聽到的很可能就是「簡」這個字。當時他並不確定，因為簡的同音字不少，他也不知道那是什麼意思，但是後來伍英智在簡安世家中死亡，他幾乎就可以確定聽到的應該沒錯。

這讓許仲濤相當驚訝，這表示伍英智和簡安世可能不只是小時候認識而已，或許他們一直都保持聯絡。

趙正航也說，這些話他都曾經告訴過警察，所以警察應該有去調查過這件事吧，應該也很容易查出那個女人是誰。只是都過了半年，卻還是找不到凶手，可能也代表這件事或那個女人和伍英智被殺沒有關係。

原來這就是趙正航肯說出來的理由，許仲濤心想。他既然都對警察說了，其實也沒有保密的必要性。

趙正航表示其他就沒有什麼比較奇怪的事了。

許仲濤再詢問是否從伍英智那裡聽過火星移民計畫，趙正航則表示有聽過一次，但那是在伍英智失蹤前，之後就沒有過了。而且他們也只是當成茶餘飯後的閒聊，並不是認真的在討論，可能伍英智並不是真的打算去報名甄選。這樣的話，和許仲濤的情況是一樣的，看來得不到有用的訊息。

許仲濤心想，大概從趙正航這邊也只能得到這些情報了，或許再也問不出什麼。於是他向趙正航道謝，便掛上電話。

從趙正航這裡得到的情報是不是有用，目前還看不出來，而且看來除了那名女子之外，並沒有其他進展。

如果要調查這名女子的話，又該怎麼開始呢？

和簡安世有關的女人，親屬的話只有他的前妻和女兒。如果是年輕女子，那就不可能是前妻了，只可能是女兒。難道那個女子會是他的女兒？但簡安世的工作場合裡必定會有女性同事，那也是有可能的。

許仲濤雖然因為和趙正航見過面，所以可以厚著臉皮打電話去問，但是他和簡安世毫無交集，根本沒有理由去找他的女兒或同事。而且就算真的去好了，對方一定也只會把他當成是可疑的人，不可能會說實話。

該怎麼辦才好呢？

許仲濤一時間得不到結論。

「老闆，伍英智是不是認識簡安世的女兒，你知道嗎？」

許仲濤來到酒館，同樣坐在吧檯的老位子。他趁著老闆不忙的時候，把老闆找過來，問了這個問題。

「簡安世是誰？」老闆問道。

對了，老闆應該不認識簡安世，除非是伍英智找來的，不然簡安世沒有理由會來這裡，老闆沒聽過也很正常。

就算老闆曾經在伍英智死亡時聽過這個名字，但是大概也不會記起來吧，畢竟對他來說那不是個具有意義的名字。

「伍英智死亡的地方，就是簡安世的住家。」

「喔，原來是這樣啊。不過我連簡安世是誰都不知道，當然也不知道伍英智認不認識他女兒了。」

「說的也是，我忘記老闆不認識簡安世了。」

「你怎麼會問這個問題？你覺得伍英智認識簡安世的女兒？」

「我聽趙正航說，伍英智在失蹤回來以後，曾經接過年輕女子的電話，所以在想是不是簡安世的女兒。」

「趙正航又是誰？」

「他是伍英智的老朋友，常在一起喝酒，也有來過這裡。我和趙正航就是在這裡跟他們一起喝酒才認識的。」

「那我應該見過吧，雖然一時想不起來長相。」

「他有來過幾次，如果你看到他，應該就會記起來了。」

「我沒聽伍英智說過簡安世女兒的事，別說女兒了，甚至我連老爸簡安世這個名字都沒聽他提起過。」

「所以他都沒說過和簡安世相關的事嗎？」

「我的印象中是沒有。」

這時，突然有人坐在旁邊的位子上。許仲濤往旁邊一看，是昨天晚上見過面的年輕男子。許仲濤想了一下他叫什麼名字。對了，他叫李常德。

「方便坐這裡嗎？」李常德問道。

許仲濤點點頭。老闆接著說道：

「歡迎光臨，要先來杯啤酒嗎？」

「好啊，我要生啤酒，然後還要一盤炸雞。」

「ＯＫ。」

老闆走出吧檯，到裡面去忙了。

「我剛剛聽到了，你在問老闆伍英智的事嗎？」

「是啊。」

「你對這件事好像有點熱心，怎麼了嗎？昨天晚上不是才問過？說說看吧，說不定我可以幫你。」

許仲濤看著李常德，這是第二次見面，他們也沒說過多少話。但在這個時候，他突然覺得李常德看起來有點神祕。

他想了一下，覺得沒有什麼好隱瞞的，於是他將手上有鑰匙，所以到了伍英智的家中調查，然後打電話給趙正航，得知有名年輕女子，全都說了出來。不過他沒有說出任篤傑的事，他不想跟警察扯上關係，再說被拿槍指著頭也很沒面子，不是什麼光采的事。就算沒提到這段經歷，也不影響他調查的過程與結果。

李常德問了和任篤傑一樣的問題，問他為什麼要調查。許仲濤只說他對現在的生活感到厭倦，對伍英智失蹤去了哪裡很好奇。如果是個他感興趣的地方，那他隨時可以離開，去別的地方重新來過。

許仲濤並沒有說出過去的事，他之前會說出來，主要是因為任篤傑的警察身分，以及在當時的氣氛下，不說的話可能就無法脫身。但是現在不一樣了，他覺得沒有必要講。事實上在對任篤傑說之前，他也已經很多年沒有說過了。那畢竟是他的瘡疤，就算已經痊癒大半了，卻也不是在茶餘飯後用來閒聊的話題。

雖然在過程中，許仲濤有時候已經快要把過去的事說出來了，只是他畢竟還是有所警覺，並沒有隨便說出來。

「原來如此，我知道了。」李常德說道。

李常德拿起酒杯，喝了一口。這是剛才許仲濤在說話時，老闆送上來的。

許仲濤說了半天，覺得口乾舌燥，所以他也拿起自己的酒杯喝酒。

「我們到外頭去抽根菸吧。」

李常德突然提出讓許仲濤意外的提議。許仲濤不抽菸，所以本來想要回絕。不過他轉念一想，李常德會突然這麼說，或許是因為他並不想在酒館裡說接下來的話，所以才會假借抽菸的名義，想到外面去說。

一想到這裡，許仲濤就覺得機不可失，於是他同意了。兩人離開座位，走出大門到了外頭的人行道上。

「你接下來打算怎麼做？」

李常德問道。他並沒有拿出菸盒，看來沒有要抽菸的打算。

果然就像許仲濤所想的一樣，李常德只是想在外頭接續剛才的話題。

許仲濤想了一下。

「可能只能去找簡安世的女兒了吧。從趙正航那裡得到的線索，大部分都是已經知道的，除了那個年輕女子之外，也沒有別的線索了。」

「可是你根本不認識她，也完全沒有理由吧。」

「是啊，的確是沒有任何可以詢問她的理由。但是除了她以外，我也沒有其他路可走了，只能去問問看。」

「是嗎？」

「對了，也許可以找她來這裡，說不定可以得到意想不到的結果。」

「有可能嗎？」

「我也不知道，看情況吧。既然現在什麼都不清楚，那就只好任何事情都試試看。說不定她曾經聽簡安世說過一些事，來到酒館時會突然想起來也不一定。」

「其實你根本就不能斷定那是簡安世的女兒。」

「的確是，總之去問問看就知道了。」

「你是個行動派呢。什麼都不知道，但是先做再說。」

李常德笑了。

「是嗎？雖然我不這麼覺得。」許仲濤回答。

「回到剛才的話題，你為什麼要找伍英智？」

「我剛才有說過吧。」

「不，我覺得那樣不夠。」

李常德搖頭。

「你沒有說為什麼對他去的地方感興趣，也沒說為什麼對現在的生活感到厭倦。你避開了原因，只說了結果，而我想原因才是重點。」

「需要理由嗎？」

「當然。如果你過得很好，那應該是不會想要離開的。大部分人都是這樣吧，不滿足才會想要改變。」

「是啊，我並沒有過得很好，你已經等於是說出來了。」

「這只是簡單的推論而已，但我沒辦法知道你真正的想法。你發生過什麼事嗎？方便的話願不願意說出來？」

許仲濤沉默了，他不知道該不該講。

他剛剛才決定不要說出口，畢竟現在和被任篤傑拿槍指著頭那時不同。可是李常德的再次詢問，卻讓他覺得氣氛不太一樣。

明明可以在裡頭談，卻特地找個藉口走出酒館，在外頭將同樣的問題又問了一次，這可不是尋常的現象。

彷彿就像是在試探一樣。

許仲濤突然察覺，這正是李常德想要知道的事。他不清楚李常德是什麼人，也不清楚為什麼李常德會想要知道他的事，但他現在發現情況變得不太對勁。而他如果說出來，或許能夠有所突破。

於是他決定了，將那些不想回憶的過去，下午才剛對任篤傑說過的話，再重新說一遍給李常德聽。

這是今天的第二次，他說的比前一次還要流利。他不禁苦笑，他沒想到會在這麼短的時間內，重複說上兩次。

不過這次再說，難過的感覺已經又淡了一點。或許人總是這個樣子的，將痛苦的過去一點一點地釋放出來，最後就不會再心痛了。

「我懂了，這是很充分的理由。」李常德說道。

「是嗎？」

「但也只是逃避現實而已，你不這麼覺得嗎？」

「不，這點我也很清楚。」許仲濤回答。

就算是逃避現實也無所謂，只要能夠遠離過去的人生與現在的生活就好了。現在的他有如行屍走肉，他渴望有個地方可以重新來過。

就算那裡不是樂園也無所謂。

「你看得很開。」

「那不重要。現在輪到你了吧。」

「什麼？」

「明明裡頭就是個適合談話的地方，你卻特地找了藉口把我叫出來，不可能只是問我這些事而已吧。」

「你這麼覺得嗎？」

「這些話在裡頭也可以說，何必出來呼吸污濁的空氣？」

「說的也是，空氣的確很污濁。」

李常德露出笑容。

「你會這麼執著於伍英智的事，這讓我很意外。所以我的確是有些話想跟你說，只是在那之前，我必須判斷適不適合說。」

「這麼說，我應該及格了吧。」

「也沒什麼及不及格的，只是讓我能夠說出一些事情而已。要不要離開現在的生活，最後的決定權還是在你手上。」

「是嗎？」

「你最想知道的事情是什麼？」李常德問道。

「伍英智在失蹤期間去了哪裡。」許仲濤回答。

「你對他被殺害沒有興趣？」

「沒有。」

許仲濤搖頭。

「雖然很無情，那老實說那跟我無關，就算真相有一天會被查明，那也不是我該做的事。我不知道他的失蹤與被殺是不是有關，也不想將這兩件事扯在一起。我不想知道是誰殺了他，只想知道他去了哪裡，而我能不能去，就這樣而已。」

「好，我懂你的想法了。」

李常德點頭。

「感謝。」

「簡單說吧，我知道他去了哪裡。」

「真的？」

話是這麼說，但許仲濤並不意外，他隱隱約約可以感覺到這種可能性。如果不是的話，那李常德的舉動就太奇怪了。

「那是什麼地方？」

「農場。」

「農場？你說他失蹤那麼久，就是去當農夫？」任篤傑問道。

「這種說法並不準確。」李常德回答。

「什麼意思？」

「那並不是一般的農場，而是為了火星移民計畫而準備的實驗型農場。」

「你是認真的嗎？」

愣了半响，許仲濤總算擠出這句話。

對他來說，這個發展實在太過意外。他沒想到李常德竟然知道伍英智去了哪裡，而且更想不到會是農場，平凡到讓他不敢置信。

對於許仲濤的疑問，李常德點了點頭。

「當然，我沒有必要浪費時間跟你開玩笑。」

「你說他去了農場？是什麼樣的農場？而且那不是普通的農場？到底是怎麼回事，可以告訴我詳情嗎？」

「其實很簡單，並沒有那麼複雜。我知道你可能會懷疑那是什麼農場，或者以為那是不是假借農場名義的什麼場所，但其實都不是，那裡真的就只是農場。種植農作物，飼養家禽家畜，就和一般的農場一樣。」

「既然如此，為什麼伍英智要去那裡？還有如果只有這樣的話，又為什麼和火星移民計畫有關？」

「我先回答你的第一個問題。伍英智是簡安世找去的，他們是小學同學，平常雖然沒有聯絡，但是偶爾會碰到面。簡安世知道伍英智現在的狀況，覺得適合去農場工作，所以問他要不要去，就是這麼簡單罷了。」

「這就說得通了。那麼第二個問題呢？」

「這個農場並不是一般的農場，雖然它的機能和其他農場相同，在裡頭工作的人所做的事也一樣，但是農場的存在是有目的性的。」

「目的？」

「為了自給自足。在農場裡頭的人們所食用的食物，全都來自於農場裡頭所養植的動植物。所需要的一切都在農場裡生產，完全不倚賴外界的物質提供。」

許仲濤覺得他好像能夠理解李常德所說的意義。

「這是為了在火星上也能夠自給自足的關係嗎？」

「沒錯，正是如此。」

「這麼一來為什麼要有這個農場就說得通了。」

「農場是個實驗，目的是在測試需要怎麼進行才有辦法自給自足。人員的管理與食物的分配全部交由電腦系統來計算，該在什麼時候工作，以及種植或養殖哪些動植物，都不是由人來管理，而是由系統來自動分配。」

「全都由電腦來管理？聽起來不太保險，難道不會出問題嗎？像是什麼病毒、木馬或是電腦駭客之類的。」

許仲濤沒有那麼熟悉電腦，對於弱點也不是很清楚，但他對電腦卻不是百分之百的信任。總覺得將一切都交給電腦，會是一件很恐怖的事。

「電腦系統管理的是資源的調配，因為這樣才能發揮最好的效率，並不是在強制支配裡頭人們的行為。而且農場是一個實驗計畫，本來就是在嘗試各種可能性，目前以電腦系統來管理也只是一個實驗階段罷了。」李常德說道。

「為什麼這跟火星移民計畫有關？」

「因為簡安世的公司接受了跨國公司的委託，希望他們能夠進行相關的研究，以便將來可以用在火星移民計畫上。」

「這個計畫是保密的嗎？」

「當然不是，就像你剛才聽到的，沒有任何不法的地方吧，全都是合法進行的，有什麼地方需要保密嗎？」

「如果只聽你的描述，那的確是沒有需要保密的地方。如果這樣，那麼人員也可以自由進出嗎？」

「當然，不過因為這是實驗計畫，人員的數量需要管理，所以進出農場是會被管制的。只是管理者會尊重個人意願，想離開的人也不會硬是要留下來。而且由於在挑選人的時候就已經溝通過了，所以除非有一些突發狀況，不然絕大多數的人都不會離開。」

「但是如果這樣的話，為什麼伍英智會失去記憶？或者他其實根本就沒有失憶，只是不想說出這段經歷？」

「那就是他個人的問題了，也許他真的失憶了，也許是假裝的，只是有一些理由讓他必須這麼做。」

「你不知道嗎？」

「無可奉告。不過話說回來，在伍英智身上發生了什麼事，本來也就不是你想知道的重點吧，不是嗎？」

「的確，你說的是沒錯。」

「怎麼樣？有興趣嗎？如果感興趣的話，希望你可以找一天來公司裡詳談，我可以將更多的細節告訴你。」

「你的工作就是負責招募農場的人力嗎？」任篤傑問道。

「那倒不是，我有別的工作，但是那說來話長，也不方便公開，所以我就不提了。遇到你只是巧合，我也沒料到今天會告訴你這些事。」李常德回答。

「說的也是，我是下午臨時決定要來這裡的，你不可能事先知道。對了，我最後還有一個問題。」

「請說。」

「如果你早就知道這些事，為什麼上次不告訴我？」

「你覺得我有可能對一個剛認識的陌生人說這些話嗎？」

「不可能。」

那是當然的了，許仲濤覺得自己問了個很蠢的問題。

「正是如此。剛才聽你說了那些話，我覺得或許你是適合離開現實生活去農場的，這也才決定告訴你。」

「原來如此。」

「當然我也要強調，這並不是見不得人的犯罪計畫，所以就算你之後決定不參加，我也不會對你怎麼樣。只是我們是在進行實驗，希望能夠儘量不要被外界干擾，如果被打擾的話會很麻煩，所以也希望你不要告訴其他人。」

「我知道了。」

「剛聽完這些，我想你應該需要時間思考吧。不用馬上決定沒關係，這畢竟關係到你未來的生活，可以多花一點時間考慮。」

「嗯，我需要一點時間準備。」

「我給你電話，如果你決定要去，那請打電話給我。」

「不，你誤會了。」

「什麼？」

「我要將這裡的事情處理掉，所以需要時間。」

「喔？你的意思是？」李常德問道。

許仲濤斬釘截鐵地說道：

「這麼好的機會，我怎麼可能錯過。」

# II

## 1

電話依舊無人接聽。

任篤傑有著不好的預感。

從他想到要跟對方聯絡以來，打電話的次數已經超過十次了吧。

電話並不是在途中被切斷，而是響鈴超過一分鐘，然後進入語音信箱。也就是說，電話一直在響，而且無人接聽。

他們兩人曾經交換手機號碼，因此如果對方曾經將電話號碼輸入手機，那麼就會知道是任篤傑打來的。電話響到最後才進入語音信箱，代表並不是被設為黑名單，也沒有人因為某些原因而直接掛斷電話。

任篤傑並不知道對方是不是看到未知來電就不接，但他總覺得應該不是這個樣子。畢竟這三天來，任篤傑已經打了這麼多次，而他們只見過一次面，並沒有其他過節，實在沒有理由不接他的電話。

任篤傑打電話的對象名叫許仲濤。

他們曾經在伍英智的住處見過一面，而當時任篤傑甚至還拿槍指著許仲濤的頭，嚇了對方一大跳。

許仲濤是伍英智的朋友，手上有伍家的鑰匙，當天獨自一人前往屋內調查。據他的說法，是因為想要知道伍英智失蹤的原因，希望能在那裡查到線索。

任篤傑當時判斷許仲濤和案情相關的可能性不大，而且他還有別的事情要處理，所以並沒有繼續追問。但他卻也不打算放棄這條線索，於是當時取得許仲濤的名片，並確認電話的正確性之後就離開。他讓許仲濤有時間進行調查，打算在手上的事情告一段落之後，再找對方詢問後續的進展。

只是沒想到才過了一個月，電話就無人接聽了。

任篤傑再回想當時的過程。他拿到許仲濤的名片，詢問有沒有將手機帶在身邊，然後將電話號碼輸入自己的手機，並當場撥出。許仲濤的電話也很快就響起，所以號碼是沒有問題的，的確是他身上的那支手機。

除非那不是許仲濤的手機，但有可能嗎？

許仲濤不可能知道任篤傑會在那裡等他，沒有理由會為了騙過任篤傑而另外準備一支手機。許仲濤存心欺騙的想法並不合理，所以如果那真的是他的手機，而電話現在無人接聽，那事情似乎就變得很不尋常了。

任篤傑想到簡安世和伍英智。簡安世失蹤至今仍然音訊全無，而伍英智失蹤後雖然又再出現，但卻遭到殺害。現在無法聯絡上許仲濤，難道他會是第三名失蹤者？

目前還只是電話無人接聽，尚不能斷言許仲濤已經失蹤，不過看來任篤傑必須先去確認這件事才行。

該怎麼開始著手呢？

因為手上有名片，那麼先從名片上所列的資訊開始查起，應該是最快的了。雖然當初只是習慣動作，但現在想來卻覺得幸好有要到名片。如果那時只有取得電話號碼，那麼現在他可就無從著手了。

他記得是將名片夾在筆記本中，並沒有花多少時間就找了出來。那應該是公司配發的名片，因為是在工作時使用的，所以上頭記載的幾乎都是公司的資訊，很可能只有手機號碼是許仲濤個人的，這種情況在現代社會相當常見。

話說回來，其實也不能保證手機就是許仲濤私人所有，因為說不定連手機都是公司提供的，那就完全不包含個人情報了。

今天是星期一，公司裡必然會有人在。他打電話到許仲濤的公司，接通後是電腦語音，他再撥分機號碼，可是無人接聽。

於是他掛斷後重新再撥一次，這次他就轉接總機了。

總機是女子的聲音，接通之後，他表示想找許仲濤，但是分機卻無人接聽。總機請他提供分機號碼，然後要他稍等，之後便傳來等待時的音樂聲。

他並沒有等太久，電話便被接起，是男子的聲音。

男子先問起任篤傑的身分，他只表示自己是許仲濤的朋友，並沒有多說其他的。至少在這個時候，還沒有必要說太多。

男子可能不疑有他，並沒有多問，只是表示許仲濤已經辭職，並且辦妥了離職手續，不在公司裡了。

任篤傑相當驚訝，他的預感竟然成真。

他連忙詢問許仲濤的離職日期，就在上週的星期五。

然後他又詢問許仲濤提出辭呈的日期。不過男子顯得有些為難，不知道是因為要找出來很麻煩，還是覺得不應該講。

不過任篤傑又再次拜託對方，表示他之所以會打電話來，是因為最近用手機都聯絡不上許仲濤，所以才想到要打公司電話。許仲濤既然辭職，那就沒有其他管道能夠得到消息了。他們兩人是多年的朋友，不過已經很久沒見面，他很擔心許仲濤，不知道是不是因為發生意外才無法聯絡上，所以希望能多知道一些消息。

任篤傑當然不是許仲濤的朋友，不過在此時，他說謊倒也是說的相當自然。

雖然任篤傑也很清楚，擔心安危與辭職日期根本毫不相干，不過只要有個理由就行了，是否相關並不重要。這個方法他已經用過很多遍，也總是奏效。

果然男子請任篤傑稍待片刻，他要去查。

很快地，男子的聲音又從手機傳出。他說出了許仲濤提出辭呈的日期，是九月五日星期一。任篤傑將這個日期記在筆記本上後，詢問男子，許仲濤是不是早就想要辭職。

男子則表示，以前從來沒有聽許仲濤說過要離職的事。而且那時許仲濤才剛從新加坡回來，一切都很順利，實在不知道他為什麼要離開。

至於許仲濤的離職理由，他只表示是個人生涯規劃，並沒有多說。就算男子想問，也問不出個所以然，只知道許仲濤的辭意甚堅，完全無法改變他的想法。得到同意後，許仲濤在這幾週將工作交接給繼任的人，最後在上星期五離開。

任篤傑得到了這些情報後，向男子道謝並掛斷電話。

他翻閱筆記本，找出他和許仲濤碰面，也就是去伍英智家的日期。

那是九月三日星期六。

然後和許仲濤提出辭呈的日期做比對，他覺得很不尋常。

許仲濤是在星期六來到伍英智的住處並遇見任篤傑，而就在兩天後的星期一，他便提出辭呈了。

合理的推測是，從星期六下午到星期一早上之間，許仲濤很可能有一些遭遇。那些事情讓他改變了想法，在那之前或許並沒有想過要辭職，卻因此迅速地提出辭呈。

不，這一點可能還不確定。許仲濤的辭職與去伍英智住處調查是否相關，目前還言之過早。雖然有可能是因為去了伍家之後才決定辭職，但也說不定是決定辭職之後才去伍家，現在都還沒辦法判斷。

不過從公司的說法看來，在那天之前，許仲濤並沒有表現出任何想要辭職的念頭，所以也才讓他們非常驚訝。

如果公司同事的觀察是正確的，那麼就比較可能是因為去過伍英智住處，才讓許仲濤產生了辭職的想法，這或許更為接近事實。

此外，任篤傑目前所掌握的情報比公司同事要更多一點。他知道許仲濤並不是在調查伍英智被殺的事件，而是想要找出後者失蹤時去了哪裡。如果許仲濤真的找到了，那他隨時都可以拋棄現實生活。

這麼說來，許仲濤真的找到伍英智失蹤時去的地方？而他也跟著去了那裡？這就是他辭職的原因？

任篤傑不知道這麼想是否正確，但卻覺得這似乎是非常合理的推論。這可以解釋許仲濤為什麼突然辭職，以及為什麼現在無法取得聯絡。

如果真是如此，那麼接下來又該如何繼續調查？

他現在想到，剛才忘記詢問許仲濤的地址了。名片上不包含私人情報，當然不會有住處的地址。不過轉念一想，這大概也不重要，如果許仲濤真的離開了，那麼他必然也會處理掉他的住處吧。對了，他說過以前買的房子給了前妻，所以應該是租屋，那麼他一定會退掉租約的，就算過去大概也不會有什麼收穫。

這麼一想，就覺得去許仲濤的住處並不是那麼重要的事。優先順序就往後調，目前還不需要去，如果之後真的查不到什麼，再去他的租屋處看看。許仲濤不是危險份子，他的地址不會難查，任篤傑倒是不擔心這點。

下一步該怎麼走？

任篤傑回想，他之所以會知道許仲濤的存在，是因為他所認識的偵探，在大直的龐畢奇酒館裡，無意間聽到許仲濤在問伍英智的事情。偵探的嗅覺敏銳，認為這或許是膠著的事件發生變化的契機，也才會向他提及。

既然如此，那就到酒館去看看好了。

任篤傑打電話給偵探，電話很快就接通了。他詢問酒館的地址，同時也問偵探有沒有空在那裡見個面。只是很不巧的是偵探正好在忙，沒辦法抽身。任篤傑沒有多問，只覺得可能偵探正在調查事件，所以不方便說太多吧。

他看著牆上的時鐘。下午六點十二分。

從這裡過去大約要三十分鐘左右。現在雖然天還亮著，但是過去時應該已經天黑了，酒館裡的人也逐漸在聚集。如果要調查的話，人多一點會比較好。

看來是個滿適合去酒館的時間。

因為一定會喝酒，所以他捨棄開車的念頭，改搭乘計程車。正逢下班時間，路上的車流量相當大，花了一段時間才到大直。

沿路上，他從車窗往外看，路上的行人相當多。因為現在已經是下班時間了，大家都在回家的路上吧。

計程車在酒館前停了下來，他付完車資後下車。

站在人行道上，他看著酒館。

面對人行道的地方是大片的落地窗，可以直接看見裡頭的情景。任篤傑原本以為酒館的燈光應該是昏暗的，但卻出乎他的意料，店內是柔和的燈光，照明並不暗，可以看得相當清楚。人還不少，坐了應該有超過一半的位子。

落地窗旁就是大片玻璃門，看起來應該就是入口了，與落地窗可說是融為一體，完全不突兀的設計。

他握住門上的把手，向內推去，然後走了進去。

迎面而來的是優雅的爵士樂曲，他彷彿頓時進入了一個不同於外面的世界，與世隔絕的獨立空間。

在這裡喝酒，感覺上就是相當舒服愉悅。許仲濤總是喜歡泡在這裡，任篤傑自己來了之後，倒是覺得毫不意外。

服務生是個長髮的女孩，她立刻迎上前來。任篤傑表示想坐在吧檯，於是服務生將他帶到裡頭的吧檯旁。

吧檯裡頭有個男人，他記得偵探說過，這間的老闆同時也兼任酒保，所以八九不離十，那應該就是老闆吧。

他選了老闆正前方的位子坐了下來。

服務生隨後送上菜單，說明要點餐時再叫她，然後便離開了。他看著菜單，本來在進來前只想點杯啤酒，不過現在卻發現自己已經餓了，乾脆就在這裡將晚餐解決掉好了，也省得再找地方吃飯。

他舉起手向長髮女孩示意，她走過來後，他點了燻雞三明治和啤酒。服務生很快地記錄下來以後便離開。

任篤傑從口袋中拿出伍英智的照片，遞給老闆，問道：

「你看過這個人嗎？」

老闆的表情不為所動，瞥了照片一眼，說道：

「老伍，他以前常來。」

「你知道他被殺了嗎？」

「知道。」

老闆沒有多說什麼，不知道他是怎麼想的。不過從老闆沒有詢問任篤傑的身分來看，或許可以解釋成他並不想多管閒事。

「伍英智有個常在這裡喝酒的朋友，我聯絡不上那個人，擔心他可能出事。」

老闆沒說話，只是看著任篤傑。

「他名叫許仲濤，你知道這個人嗎？」

老闆想了一下，沒有立刻回答，於是任篤傑緊接著說道：

「照他的說法，他應該跟你很熟。」

任篤傑回想和許仲濤見面的過程，想找出一些特點。

「他今年去新加坡出差很長一段時間，好像超過半年吧，大概一個月前才回來，然後在這裡聽到伍英智死亡的消息。」

「我知道這個人。」

老闆很乾脆地承認了。

「你上一次見到他是什麼時候？」

「我想一下……印象中好像連續兩天都見到他，之後就沒再看過了。」

「出國回來之後，連續兩天？」

「應該是。」

也就是說，星期五晚上來到這裡，聽到伍英智被殺的消息。星期六白天到伍英智住處之後，晚上又再來了一次，然後就沒有再出現過。

「他失蹤了？」老闆問道。

「有可能，我這幾天打了很多次電話，但都無人接聽。我有他的名片，所以打到公司去，不過公司的同事卻說他已經離職了，而且毫無前兆，突然就決定了的樣子。我覺得不太妙，所以想找到他。」

「也許他只是出國去玩個幾天而已。」

「如果只是這樣的話，那倒是沒什麼好擔心的。」

「你在擔心什麼？」

「因為聽說伍英智也曾經失蹤過，不知道許仲濤是不是也走上同一條路。」

「有可能嗎？」

「從一個月前見面時的情況看來，好像也不是不可能。」

老闆沒有接話，想了一下，然後才說道：

「你急著走嗎？」

「不，我想在這裡喝幾杯。」

「他在國外的時候，不知道老伍被殺的事，是來這裡時我告訴他的。後來我介紹了一個常客給他認識，如果你待得晚一點，說不定會遇到。」

「喔？」

這倒是不錯的情報。

老闆也表示，他沒有其他的線索。因為他們也只是老闆與客人的關係，只會在酒館裡見面，連聯絡方式都不知道，更不可能知道其他事。

任篤傑向老闆道謝，請他如果見到那名常客的話再通知一聲。

老闆點頭，沒多說話，回頭繼續去忙他的事。

沒多久，長髮女孩送上餐點，老闆也遞上啤酒。

任篤傑沒有再說話，只是一面看著電視，一面默默地三明治放入口中，偶爾喝一口酒，想些事情。

看著電視，聽著音樂，喝完後就再點一杯。酒館裡人聲鼎沸，相當熱鬧，但卻又不嘈雜，的確是個可以一直待下去的地方。

他不太確定時間過了多久，事實上他也不認為今天就有辦法遇到認識許仲濤的人。不過那倒也無所謂，如果今天不行，那就明天，總有一天會遇到的。

不過看來今晚運氣是站在他這邊的。

「你在找許仲濤嗎？」

從右側突然傳來一名男子的聲音。

任篤傑轉頭看去，是一名大約三十多歲的男子。

「對，你認識他嗎？」

「我和他在這裡聊過。旁邊沒人坐吧？」

任篤傑做了個手勢。

「請坐。」

男子坐了下來。

「剛剛走進來時，老闆將你的事情告訴我，問我願不願意和你聊一聊。」

老闆剛才走出吧檯，看來就是因為發現這名常客，所以先去和男子說話。任篤傑向老闆道謝，老闆揮了揮手，沒有其他回應。

兩人互報姓名，這名男子名叫李常德。

「你認識許仲濤？」李常德問道。

「對，你也認識他嗎？」

「在這裡見過幾次面。」
「你們很熟嗎？」
「不，不熟，只是聊過而已。他對伍英智被殺的案子不清楚，剛好我人面廣，知道一些，所以老闆將我介紹給他，然後我就說明老伍的事給他聽。」
「那之後呢？」
「就是在這裡碰到，然後聊一聊而已，沒有在其他地方見過面。」
「許仲濤和伍英智好像也是這個樣子。」
「你說最近都聯絡不上他？」
「對。」
任篤傑點頭。
「我打了超過十通電話，都是無人接聽，最後進到語音信箱。我不確定他是不是出事了，但是畢竟簡安世和伍英智都是失蹤人口，而且伍英智還被殺害，所以無法聯絡上許仲濤，讓我覺得事情不太對勁。」
「原來是這樣。」
「你上一次見到他是什麼時候？還記得嗎？」
「幾個星期前吧，我不記得了。這裡頭啊，不管是星期一到星期日，每天晚上看起來都是同一個樣子，沒辦法分辨日期的。」
「的確，每天都一樣比較好，畢竟這裡是個愉快的地方。」

老闆這時送上一杯啤酒，李常德拿起酒杯，大大地喝了一口。

「你覺得他出事了？有什麼頭緒嗎？」李常德問道。

「我不知道，所以才來找人。」

「話說回來，老兄，你是什麼人啊？伍英智的朋友？許仲濤的朋友？」

「我認識許仲濤，有事想找他。」

「喔。」

李常德看起來並沒有什麼反應。

「我換個問題，你認識他多少？」任篤傑問道。

「什麼意思？」

「我想了解許仲濤這個人，不只是最近的情況，而是他的人生。」

「你跟他不熟？」

「只見過幾次面而已。」

事實上是只有一次，不過稍微誇張一點無所謂。

「那會有幫助嗎？」

「聽了才知道。」

「好吧，我想一下。」

李常德花了一段時間回想，然後做出說明。

不過這些話，任篤傑已經聽許仲濤說過，他只是想進一步確認，從許仲濤口中聽到的和別人說出的會不會有什麼不同。

但從結果看來，內容並沒有不同。

許仲濤的人生原本相當平凡，還不到三十歲就結婚，兩夫妻也生了一個小男孩，家庭非常幸福圓滿。只是小男孩在六歲的時候遇上車禍而過世，夫妻也因此感情逐漸失和，最後走上離婚的路。

雖然整理之後就只是如此，但是那中間的過程必然辛苦萬分吧。如果許仲濤知道他的人生就只被簡略成這幾句話，會有什麼感想呢？任篤傑不由得這麼想。

這麼辛苦的人生，就是他失蹤的理由嗎？

許仲濤自己是這麼說的，而任篤傑也覺得，那已經是足夠充分的理由，因為他已經失去了人生的目標。

生活辛苦並不算什麼，沒有目標才是真正的致命傷。

如果真是這樣，那麼他的失蹤，是否正代表著死亡？伍英智最後遭到殺害，難道許仲濤會跟他一樣？

任篤傑已經三十六歲，他看過太多案例，所以儘管是最壞的結果，他也能夠平心靜氣地接受。不過現在他手頭上沒有別的事，而且目的也還沒達成，他想再繼續調查下去。

然後他又向李常德詢問，是否知道簡安世和伍英智的情報，不過並沒有得到什麼新消息，全都是他已經知道的事。

原本任篤傑以為就只是這樣而已，卻沒想到老闆此時走了過來，說出了意外的消息。

老闆剛剛突然想到，許仲濤曾經問過他，伍英智是不是認識簡安世的女兒。

照許仲濤的說法，他打聽到伍英智似乎曾經和一名與簡安世有關的年輕女子用電話聯絡，而許仲濤猜測那會不會就是簡安世的女兒。

「你知道他是聽誰說的嗎？」任篤傑問道。

「好像是伍英智的另一個朋友吧。」老闆回答。

任篤傑知道這件事，他曾經看過調查報告，那是住在桃園的趙正航所提供的消息。那名女子不是簡安世的女兒，而是他過去的學生白筠玲。在白筠玲取得碩士學位後，便進入同一間公司工作。

任篤傑覺得有必要重新回顧伍英智被殺的事件。

任篤傑一直到凌晨一點才離開。

本來只是來調查情報的，聊到後來已經和他正在調查的事件無關了。李常德老是在外頭閒晃，認識不少人，所以也聽了很多事。

任篤傑總是無時無刻都在收集資訊，就算當下看來無用，但難保哪一天會用到，他的態度都是聽了再說。

他們邊喝酒邊聊天，很快就到了半夜。

而他自己也沒想到，他和李常德好像還滿意氣相投的，於是在李常德要離開前記下了對方的電話號碼。

在李常德走後，他多待了一會，也準備要離開了。

他到櫃檯結帳，此時老闆問道：

「怎麼樣？看你們聊得滿開心的，有什麼線索嗎？」

「他也不知道許仲濤是不是發生了什麼事，所以算是沒有收穫吧。」

「是嗎？」

「不過我跟李常德聊了不少事情，這我倒滿意外的。」

「李常德還滿容易跟別人混熟的。像許仲濤，雖然跟他才剛認識，兩個人就一起到外面去聊天了。」

「為什麼要去外面聊？」

「我想應該是去抽菸吧。」

「喔，這裡禁菸。」

「是啊，只能到外面人行道去抽菸。」

「這不意外，跟他談話還滿有趣的。」

「感謝你，下次再來吧。」

「沒問題。」

他走到外頭，旁邊的店大都已經關門，巷子裡也沒什麼人了。

他在路邊攔了計程車。已經是深夜了，本來還以為路上的計程車已經不多，不過幸好很快就攔到車，沒有等太久。

任篤傑回到家中，拿出調查報告，再看了一次伍英智被殺的事件。

二〇一六年三月十四日，星期一。

住在簡安世隔壁的鄰居，在晚上大約八點回家時，發現簡安世家的大門沒有關上。他當時覺得奇怪，因為簡安世好像很久沒回來了。其實鄰居平常跟簡安世並沒有交流，只是晚上回家時都會發現，簡安世家中的燈一直都沒亮起，感覺上是都沒住在這裡。不過那跟他沒有關係，他也沒有特別在意，所以這時也只是以為簡安世終於回來了，沒有多想就回自己家中。

但是到第二天早上出門時，卻發現隔壁大門仍然維持著開啟的狀態，而且和昨天回家時看到的樣子一樣，表示沒有人動過。這讓他覺得不對勁，但是因為急著要上班，沒有時間可以浪費，也就不予理會。

一直到晚上回家時，情況仍然沒有改變。他先按了電鈴，但是沒有人回應，於是他大膽入內查看。屋內一片黑暗，不過他發現電燈開關的位置和他家裡一樣，都在大門旁邊，於是他便打開電燈。燈一亮起，他非常驚訝地發現，竟然有人倒在客廳，而且地上滿是血跡。

他嚇了一大跳，連滾帶爬衝回自己家中，然後在極度驚慌的狀態下，好不容易才打電話報警，也花了一段時間才將地址交代清楚。

警方立刻進行調查，由於被發現的時間稍嫌晚了一點，死亡時間的判斷無法太過精準，應該是在星期一下午被殺的。

被害者是被水果刀刺中腹部，失血過多而死。水果刀上的指紋和屋內隨處可見的指紋相同，研判應該是屬於屋主的，也就是原本就在屋內的刀子，而非從外頭帶進來的。

那把刀不是被害者帶進來的，這或許表示被害者並非抱持殺意。反過來說，也等於是證明屋主的嫌疑重大。

而從被害者的身上，找到了他的身分證，因此在判斷身分上並沒有發生問題，也確認死者就是伍英智。

警方發現伍英智自己獨居，生活相當單純，認識的人也不多，所以很快就清查完他的人際關係，也發現他並沒有被殺害的理由。

伍英智死亡的地點，屬於簡安世所有。簡安世是電機工程與計算機科學博士，以前是台大教授，兩年前離開學校，在一間應用科技研發的私人企業工作。簡安世曾經結過婚，但已經在五年前離婚，所以也是一人獨居。他有一個女兒，名叫簡汶淇，與前妻同住。簡汶淇平常會打電話跟簡安世聯絡，但是從兩個月前卻已經無法跟他聯繫上了。

至於簡安世和伍英智的關係，警方發現兩人是小學同學，但似乎不是特別要好的朋友，僅止於認識的程度，平常沒有聯絡，表面上看來並沒有什麼過節。

簡安世的親人很少，父母都已經過世，和其他親戚或前妻也沒在來往，唯一有聯絡的只有女兒簡汶淇。於是警方也很快就調查完簡安世的周遭，發現沒有人和伍英智有任何關係，也自然沒有殺人動機。

簡安世的前妻和女兒在星期一白天時都在上班，也都得到公司同事的證實，有著明確的不在場證明。

比較意外的是，在二月的時候，要過農曆新年之前，簡汶淇曾經去找過伍英智。據她的說法，是因為簡安世下落不明，她去問伍英智有沒有什麼消息。警方詢問她為什麼會知道伍英智時，她表示是因為以前簡安世說到和小學同學見面時，有提過他的名字。但那時簡安世沒有多提，她也只是聽聽而已，並沒有特別記在心上。

後來簡汶淇想起這件事，從簡安世家中的電話簿裡找出了伍英智的電話與地址。雖然先打了電話，但是剛好沒人接，於是她就直接找上門。不過伍英智則是表示不知道簡安世的行蹤，他們的會面沒花多少時間就結束了。

另外還有一點，警方發現伍英智曾經失蹤過六個月，那段期間沒有人知道他去了哪裡，也沒有出入境的記錄。除非是偷渡，不然他應該是在台灣，但在哪裡卻沒人知道。

由於簡安世也同樣失蹤，所以警方懷疑兩人的失蹤或許是有關聯性的，但是卻找不到確切的線索。另外簡安世也同樣沒有出入境的記錄，應該也是一直在台灣。

從警方的結果看來，伍英智並沒有會被殺害的理由，也找不到可能下手的嫌疑犯。由於伍英智死在簡安世的家中，凶器也是屋內原本就有的水果刀，警方認為簡安世犯案的可能性是比較高的。

雖然簡安世音訊全無，但由於案發現場就在他家，所以嫌疑重大。不然的話，凶手怎麼進入簡安世的家？簡安世雖然失蹤，但並不是那麼多人知道，所以會知道他家是空屋的人，基本上是寥寥可數，可以排除誤闖的可能性。

也就是說，案發地點會在簡安世的住處，就代表凶手一定知道他家是可以行凶的，而嫌疑最大的嫌犯當然就是屋主簡安世。

警方研判，或許簡安世偷偷和伍英智約在家中，但是因為發生了爭執，於是簡安世從廚房拿出了水果刀，並在激動下殺害伍英智。

因此警方的搜查目標是找到失蹤的簡安世，認為只要找到人，就能解決這起事件。但時間經過了半年，卻仍然無法找到他，承辦的人員也已經轉向調查其他案件，這起事件就這樣被懸在半空中，沒有人繼續調查。

一直到許仲濤的出現，當時同樣在酒館中的偵探無意間聽到，並通知任篤傑，他才開始了解這個事件。雖然案子跟他無關，但他卻對此感到好奇，也因此前往伍英智的住處，甚至等到了許仲濤闖入空屋的那一刻。

第三名失蹤者的出現，讓任篤傑覺得事件應該不像原本的結論那麼簡單。許多若有似無的關聯，讓他感到事件並不單純。

根據李常德的說法，許仲濤似乎已經得知，伍英智曾經和白筠玲通過電話。白筠玲過去是簡安世的學生，現在則在同一間公司工作。

警方當初從趙正航那裡得到這個消息，也曾經找過白筠玲。不過白筠玲的說法是，她因為聯絡不上簡安世，所以才找上伍英智，想詢問是不是有什麼消息。不過伍英智也不知情，所以並沒有得到什麼有用的線索。

白筠玲是不是值得採信是一回事，不過在伍英智被殺時，她被公司派去美國出差參加會議，不在場證明極為明確。再加上兩人並沒有交集，她也沒有殺害伍英智的動機，因此被排除了涉案的可能性。

不過既然許仲濤也在查到白筠玲之後失蹤，那麼這一條線是必須繼續追查的了。

任篤傑合上調查報告。

這份報告並非他自己調查，而是從以前的警察同事那裡取得的。他不可能白白拿到，要用錢做為交換，這是理所當然的。

他當然知道這樣並不合法，不過他早就已經不在乎這種事了。

他想起剛才在龐畢奇時，老闆並沒有問起他的身分，倒是李常德有問到，不過被他隨便打發過去。

如果李常德繼續追問的話，那倒也是麻煩，因為任篤傑不認識事件中的所有關係人，就只跟許仲濤見過一面而已。

如果他要仔細追問，可能就會發現，其實任篤傑也只是個毫無關係的外人而已，說不定就不會多說什麼了。

幸好老闆和李常德都沒有追查，省了不少麻煩。任篤傑並不打算像在跟許仲濤見面那時一樣拿出刑警證，在酒館裡那麼做並不恰當。

酒館裡人多口雜，如果被認識的人看到，那可是麻煩事一樁。就算他並不在乎是否違法，不過他仍然儘量避免。如果在意外的地方出了紕漏，那就得不償失了。

刑警證是假的，身分也是假的，如果可以的話，他不想那麼常用這一招。畢竟任篤傑並不是警察。

## 2

其實任篤傑曾經當過警察，只是現在已經辭職了。

不過因為他的在職時間也超過十年，所以人脈都還在。只憑過去的交情是不夠的，靠錢疏通始終都是件方便又省事的行為。

他之所以辭職，是覺得當警察時的薪水不夠支付開銷，所以才會另尋出路，想多賺點錢。

這次也是，他聽到偵探告訴他有關許仲濤的事時，很快就找上以前的警察朋友，問他要不要通知負責伍英智案件的人。

不過朋友告訴他，那個案子已經過了半年，大家早就去做別的事情了。如果任篤傑有興趣，那就自己去調查，說不定可以查出什麼來，可能會有一點實質的回饋也說不定。

任篤傑想想也是，於是就自己去了。

他的刑警證是偽造的，只是為了平時辦事方便，畢竟他已經習慣了出示證件來進行調查。所以準備了一個，只是他並不常用到。

至於槍則是土製的改造槍枝，從玩具槍改造而成，雖然不像真槍那樣強大，但是卻也有著足夠的殺傷力。他還在當警察的時候，認識了製作改造手槍的人，順便收了一把放在家裡。後來雖然辭職，不過覺得有需要防身時都會帶著。

在去伍英智家之前，他不知道許仲濤是什麼人，怕會出亂子，所以順手把槍帶上。他會拿槍指著許仲濤，倒不完全認為許仲濤具有危險性，主要還是想要強化自己是警察的形象，那樣當他拿出刑警證的時候，就會更有說服力。

而他能夠在許仲濤之前先進入伍英智的住處，是偽裝成刑警，找鎖匠去開門的。

接下來該怎麼辦呢？

他有辦法從這個事件中賺錢嗎？雖然目前還看不出來，不過也不重要了。

自從知道了許仲濤的過去之後，他已經不是那麼在乎能不能賺到錢。許仲濤的家庭是因為一場車禍而破滅，任篤傑也是，同樣因車禍而改變了人生。任篤傑因而多了一點同情心，也開始想知道許仲濤究竟為何失蹤。

最近也沒什麼事，就繼續查下去吧，先看看情況再說。

任篤傑睡了一覺醒來，已經是中午了。

他隨便解決了中餐，想著下一步該怎麼做。

目前有三個方向可以進行，簡安世的女兒簡汶淇，在同一間公司工作的白筠玲，以及伍英智的朋友趙正航。

許仲濤已經得知有名年輕女子打電話給伍英智。在龐畢奇時，他似乎以為那是簡汶淇，但其實是白筠玲。任篤傑不知道許仲濤是否有辦法知道他的認知是錯誤的，不過既然打電話的是白筠玲，最後還是決定先去找她。

十月四日星期二，下午三點半。

任篤傑來到南港，白筠玲的工作地點就在這裡。

他原本在考慮是不是要先打電話給白筠玲，再和她約時間。不過從伍英智被害前曾經和白筠玲通過電話看來，他認為白筠玲相當可疑，如果事先約好的話，或許會讓她有所準備。出奇不意說不定會是比較容易問出真話的方式，於是他並沒有打電話，直接就到了這裡。

他在一樓大廳向服務台的小姐表明要找白筠玲，小姐沒有特別詢問，便用電腦找出白筠玲的分機，並立刻撥打內線電話。電話很快就接通了，應該是白筠玲接聽的，小姐表明有外找，然後很快就掛上電話。

小姐先請任篤傑留下訪客記錄，然後帶領任篤傑到旁邊的會議室裡，請他在裡頭稍候。

一樓大廳旁有不少會議室，這樣外來的客人就不用進到大樓裡頭的辦公區域，可以在一樓商談事務，算是相當方便的設計。

任篤傑在會議室裡等了大約五分鐘，然後門被打開。

一名年輕女子走了進來。大約一六五公分左右的身高，穿著黑色的套裝，身材苗條，體態纖細。深棕色的長直髮，髮型中分。臉龐白淨，外表相當出色，是個很漂亮的女孩。

「白小姐嗎？」任篤傑問道。

「對，我是白筠玲，有什麼事嗎？」

白筠玲的表情冷淡，眼神帶著警戒。

根據調查報告，她現在應該是二十七歲，還很年輕。

「關於伍英智在簡安世家中遭到殺害的事件，有些事情想請教妳。」

「喔？」

白筠玲看著任篤傑。

「請問你是？」

任篤傑出示刑事警察的證件。

如果沒有必要，他通常不會偽裝成是警察。不過在面對白筠玲時，他直覺認為這個女人並不好對付，會需要更有力的背景，因此沒有編藉口，直接拿出刑警證。

「警察？」

「我正在調查這起事件，有一些事需要請妳幫忙。」

「當時就已經有警察來找過，我能說的都已經說了。」

「現在不太一樣，有新的發展。」

「那跟我有關係嗎？」

「妳認識一位名叫許仲濤的人嗎？」

「誰？」

任篤傑說明了許仲濤的名字與特徵。

「不認識。為什麼要問我這個？」

任篤傑沒有理會她的問題，繼續問道：

「那妳知道簡安世認不認識許仲濤嗎？」

「不知道，我並不清楚教授的交友關係。」

「妳曾經打電話給伍英智吧？」

「對，我已經說過了。」

「我看過調查報告，但那已經是半年前的事了。也許後來妳有想到什麼，所以還是希望能聽到妳的回答。」

「答案是一樣的，我們都很關心教授的下落，有一次碰巧發現伍英智的電話，所以想問問看有沒有消息而已，就只是這樣。」

「那時候是怎麼知道的？」

「在整理東西時，意外發現教授抽屜裡有一張紙條，上頭寫著伍英智的名字和電話。」

「就這樣？其他什麼都沒寫？」

「只有姓名和電話。」

「這樣的話，妳並不能確定他認識簡安世吧。」

「當然不能確定，只是打個電話碰碰運氣而已。」

「然後呢？」

「我問他知不知道教授的下落，而他不知道，我就掛斷電話了。」

「就這樣？」

「沒錯。」

「所以他並不知道簡安世的下落，而妳也得不到有用的消息。」

「對，所以我說只是碰運氣，得不到消息也不意外。」白筠玲淡淡地說道。

任篤傑並不相信白筠玲的話，雖然白筠玲的不在場證明很明確，不可能是凶手，但是她打電話給伍英智的理由卻含糊不清，無法說服他。

「另外一個問題，簡教授和妳們所研究的計畫是什麼？」

「這和伍英智被殺有什麼關係嗎？」

「這我不知道，但是如果沒有保密的必要性，希望妳可以說出來。」

白筠玲想了一下，並沒有立刻回答。

「和跨國公司的火星移民計畫有關嗎？」

「為什麼這麼問？」

白筠玲冷冷地說道。

「伍英智曾經向許仲濤提過這件事，雖然他並沒有多說，也沒有講出詳情。我再這麼問好了，你們在研究的是火星移民計畫嗎？」

「不，當然不是。既然你已經知道了，那我就說出來吧。這算不上是祕密，不過因為是我們公司正在研究的計畫，不希望被外界干擾，所以希望你能夠保密，不要張揚出去。」

「沒有問題。」

「簡教授所負責的其中一個專案，就是接受了跨國公司的委託，進行火星移民計畫的延伸實驗。」

「延伸實驗？」

「你知道生物圈二號嗎？」

「不知道。」

「那是過去在美國實行的一個有名計畫，幾名科學家在與地球環境隔絕的建築物中，進行自給自足的實驗。空氣不對外循環，糧食也在實驗室中栽培，實驗的目的是要測試人類能否在一個封閉的生態環境中生存。」白筠玲說道。

「有這回事？結果呢？」

「在計畫中，實驗室的環境必須是封閉的，不得與外界有任何的物質交換。但由於有科學家受傷，必須外出處理傷口，實驗室就已經被打開過了。另外也曾經因為氧氣濃度過低，結果不得不注入純氧。當然還有其他原因，生物圈二號最終並沒有成功。

「不過這個計畫給了我們靈感。如果二〇二四年時真的成功移民火星，那麼人類也會需要一個能夠自給自足的環境，不可能永遠都依靠地球提供糧食。為了未來的發展，目前更需要進行類似的實驗。」

「你們就是在做這個？」

「不一樣，那裡並不是封閉的環境，所以氣候都還是與外界相同，不會有空氣成分出現異常的情況發生。我們的目的並不是在環境的隔絕，而是電腦系統的構建。」

「電腦系統？」

「我們希望能夠建立起一套系統，利用系統的支援來掌控整個實驗區域。由系統來決定應該種植哪些農作物，畜養哪些生物，決定裡頭的人員每天應該進行哪些工作，何時是休息時間等等。在這個實驗計畫中，我們要建立的是一個由電腦來調配可用資源的世界。」

「聽起來相當可怕。」

「不要誤會，我們不是要建立獨裁的系統。這是對人類的輔助，而不是控制。最終的管理者是人類，而不是電腦。到了火星，資源的限制必定更加嚴格，我們希望用系統來協助管理資源，避免不必要的浪費。

「如果這個計畫成功，不只是火星，在地球上同樣可以運用。你知道現在有多少糧食是被浪費掉的嗎？有一半都被浪費掉了。而在浪費的同時，卻有很多地區陷入缺乏糧食的危機中，這是非常矛盾的現象。所以我們希望透過這個計畫，來協助處理這個問題。」白筠玲說道。

「那是個什麼地方？」

「是個實驗型農場。」

「為了自給自足？」

「是的。」

「是真正的農場？不是其他什麼別的農場？」
「還有什麼別的農場？」白筠玲問道。
任篤傑想到了人體農場，那是用來研究人體在死後如何發生變化的地方。不過從白筠玲的反應看來，似乎那裡真的就只是個農場，並沒有別的意義。
「不，沒什麼。妳的意思是，那是個自給自足的農場，裡頭的人們就是在種植農作物和養殖動物，而農場由電腦系統來進行管理，是這樣嗎？」
「簡單的說就是這樣。」
「人員有管制嗎？」
「有，因為是在進行實驗，大部分的因子都必須控制。」
「所以一旦進去了就不能出來？」
「不是這個意思。我們當然會尊重個人的意願，任何時間想要走，都可以自由離開。但是在實驗進行中，不能讓人員頻繁地進出，否則在控管資源上會變得複雜。因此，在選擇要進入農場的人員時，我們都會做詳細的面試，並且再三詢問意願。也因此會進入農場的人，都已經很清楚這些規則，也沒有人會無故與隨意離開。」
「也就是說，那裡並不是對外隔絕的地方？」
「當然不是，雖然不希望人員的進出太過頻繁，但他們仍然可以自由與外界聯絡。只是為了避免外界的干擾，我們並不希望農場的所在位置曝光，也因此會要求所有人都不得說出農場的所在地。」

任篤傑想到了一個問題，他本來已經要說出口，不過他突然發現自己的立場，將話梗在喉嚨，沒有問出來。

他想問半年前警方是不是曾經調查過農場，只是他發現自己沒有辦法問這個問題。如果他問了，就代表他根本不是警察。

不過他在調查報告中並沒有看到任何關於農場的描述，那表示當初應該沒有掌握到這一項情報。任篤傑認為，可能是因為他現在透過許仲濤而得知火星移民計畫，所以白筠玲才被迫必須說出來吧。

「簡安世的主要工作就是這個計畫嗎？」

「不完全是，他雖然負責這項計畫，但同時也是其他項目的顧問。」

「他的失蹤，會和農場計畫有關嗎？」

「我想應該是不可能的。我們不希望外界的干擾，只是因為實驗需要控制各種因子，而不是因為計畫有見不得人的地方。農場計畫並不是祕密，所以就像現在這樣，如果有需要的話，我也可以告訴你。因此，教授不可能是因為農場而失蹤。」

白筠玲顯得相當有自信。

如果簡安世負責農場計畫，但是當初警方卻不知情，那就相當奇怪了。警方不可能不去問簡安世的工作為何，如果得到的回答並不包括這項，那很可能是白筠玲他們只說了其他的研究項目，故意不提農場。

若是如此，那麼農場或許並不像白筠玲所說的那麼簡單。

他向白筠玲道謝之後離開。

走出大門後，他看著這棟大樓。不知為何，他總是覺得裡頭充滿祕密。

任篤傑已經事先從調查報告上取得簡汶淇的電話。他打了電話，想跟她約個時間見面。電話沒響多久就接通了，任篤傑先確定是簡汶淇本人，然後表示他正在調查伍英智被殺害的事件，有一些問題需要詢問，想請問她有空的時間。他並沒有先表明身分，想等見到簡汶淇後再視情況決定說詞。

簡汶淇表示下班後可以撥一點時間出來，於是約好在六點半見面。簡汶淇的公司在敦化北路上，不過因為她是搭乘捷運通勤，會步行到南京東路站，所以他們就約在那附近的茶館。

六點十八分，任篤傑來到這間位在復興北路上的茶館。裡頭人很多，不過幸好還有位置可以坐。

任篤傑對茶飲沒什麼興趣，於是隨便點了一杯紅茶。

沒多久，就看到簡汶淇從店門口走了進來。任篤傑看過她的照片，和本人沒有太大的差別。任篤傑舉起手向簡汶淇示意，她點點頭，走過來坐在對面的位子。

簡汶淇的長相很清秀，一頭短髮，髮尾貼著臉龐。她穿著短袖襯衫與牛仔褲，目前二十四歲，不過看起來比實際年紀還要小。

「不好意思麻煩妳了。」

「不，不會。」

服務生走了過來，簡汶淇看了菜單，很快地點了一杯珍珠奶茶。

「請問你是？」

「我叫任篤傑，正在找一位名叫許仲濤的人。他認識伍英智，不過現在失蹤了。請問妳以前見過許仲濤嗎？」

如果許仲濤認為去找伍英智的年輕女子是簡汶淇，那麼他很有可能來找過她，因此任篤傑必須確定是否如此。

「那是誰？」

簡汶淇滿臉疑惑。

「伍英智的朋友，常一起在大直的龐畢奇酒館裡喝酒。」

「不，我不認識，也沒見過他。」

「聽都沒聽過嗎？」

「對。為什麼要問我這個問題？那個人怎麼了嗎？」

「他失蹤了，我正在找他。」

「但你之前說你是在調查伍英智的事件？」

「對，許仲濤是伍英智的朋友，他也在調查，而且他似乎以為妳曾經打電話給伍英智，所以我想確認你們是不是見過面。」

簡汶淇露出了猶豫的神情，並沒有立刻回答。

任篤傑認為她可能開始懷疑自己的身分，不知道應不應該繼續交談下去，所以就沒有回答。他覺得應該先讓她安心，才有辦法繼續談下去，於是說道：

「簡小姐，妳不用擔心，我是為了找到許仲濤，才會來問妳這些，並不是想要從妳這裡得到什麼好處。許仲濤是在調查伍英智時失蹤的，我聽說妳也很久無法聯絡上妳父親，其中說不定會有關聯。妳一定很想找到妳父親，所以我們的利害關係是一致的。妳可以放心回答問題，我只是在調查事件，並沒有別的目的。」

簡汶淇看著任篤傑，過了一陣子才說道：

「嗯，我知道了。」

「謝謝妳。回到剛剛的問題，妳見過許仲濤嗎？」

「不，從來沒看過。」

「妳見過伍英智嗎？」

「有，見過一次。」

任篤傑在調查報告上看過這件事，他想知道詳情。

「妳認識他？為什麼會去找他？」

「因為我爸失蹤的關係。我爸的朋友裡，我只聽過伍英智而已，所以想去問問看他有沒有什麼消息。」

「那是你們第一次見面？」

「對。以前從來沒見過，我是從我爸家裡的電話簿上找到他的聯絡方式，打電話的時候沒人接聽，所以就直接過去了。」

「是在什麼時候？」

「我想一下。」

簡汶淇花了一點時間，應該是在回想吧。

「應該是在除夕前一天，因為我想在過年前能夠找到我爸。不過年底很忙，所以一直忙到那時候才有時間去。」

「妳自己去的嗎？」

「不，跟前男友。」

前男友？任篤傑剛好有相關的事情要問，他先將這件事記下來，繼續問道：

「妳上一次去妳父親家是什麼時候，還記得嗎？」

「我想想……應該是發生命案時，我被警察叫過去的，之後就沒有再去過。」

「妳以前會去幫忙整理嗎？」

「本來是一個月會去打掃一次，不過我爸已經不住那裡，不會被弄亂，也沒有需要再去了。而且……那裡死過人，我不太想走進去……」

目前任篤傑無法確定是否能夠相信簡汶淇，所以他仍然必須從其他線索來證明。說來可悲，當了十多年的警察，他早就已經無法輕易相信任何人的話。

但至少就如同他所預測的，簡汶淇否認自己曾經見過許仲濤，只是他還不知道這點能不能派上用場。

「從發生案件到現在，已經超過半年了吧，妳有想到什麼有用的線索嗎？」

簡汶淇搖頭。

「那陣子我也一直在想，有沒有什麼事情是和我爸的失蹤有關的，但我完全想不起來。」

「因為妳沒跟他住在一起的關係嗎？」

「我想是因為他並不會跟我訴苦的關係。在我面前，他總是表現得一切都很好的樣子，我從來沒想過他會想要離開這裡。」

簡汶淇的聲音聽起來有點哀傷，然後又表現得相當堅決地說道：

「當然，我不覺得他會殺人，那個人絕對不是他殺的。」

對於家屬毫無來由的自信，任篤傑已經看太多了。

「你父親家的鑰匙，就妳所知，總共有幾把？」

「兩把，我爸和我各有一把。」

「有備用鑰匙嗎？」

「應該是沒有，而且我爸也沒必要給其他人鑰匙。」

任篤傑提出有關鑰匙數量的問題，他認為這相當重要。

簡安世的失蹤和伍英智的被殺，究竟能不能視為是同一個事件，到現在其實都還無法確定。也許是簡安世殺人後離開，也或許是有人發現簡安世早已失蹤，所以使用他的住處來殺人。只是目前仍然如陷五里霧中，完全沒有頭緒。

如果是前者，那事件反而簡單，只要找到簡安世就一切都解決了。

麻煩的是後者，如果另有犯人，那麼犯人怎麼進到簡安世的住處，這是個問題。從時間順序來看，簡安世很可能早在九個月前就失蹤了，因為簡汶淇在一月時已經無法和簡安世取得聯繫，而殺人事件則發生在三月十四日。根據鄰居的證言，他的家門在這段期間都是緊閉著的。也就是說，犯人必須要有辦法進入簡安世的家中才行。

這一點是許仲濤讓任篤傑察覺的。

當初許仲濤之所以會闖進伍英智的家中，是因為他正好持有鑰匙。當然任篤傑不知道許仲濤所言究竟是不是事實，也無法證明，但他暫且相信這種說法。

因此任篤傑想到，如果犯人不是簡安世，那麼這個人就必須要有簡安世家的鑰匙才行。這是個理所當然的推測，但當初警方卻沒有對這一點深入調查。簡安世住處的大門很普通，只要有開鎖的技術，要打開是很容易的事。而且因為簡安世的嫌疑重大，他自己就能開鎖，所以也就沒有繼續追查。

可能就因為開鎖不是困難的事，所以反而成為一個盲點了。如果犯人有辦法開鎖，或是找到鎖匠來開鎖，那就另當別論。但假設犯人必須要有鑰匙才能開門的話，那鑰匙的來源就是個可以追查的方向了。

在調查報告上有提到，能夠打開簡安世家大門的鑰匙只有兩把，簡安世和簡汶淇各持有一把。任篤傑剛才又再向簡汶淇確認了一次，果然得到了證實。

簡安世的鑰匙在他的家中被發現，從鑰匙上的痕跡看來，應該是長期在使用，而不是最近才新打的鑰匙。至於簡汶淇的鑰匙則在她家中，因為一個月才去一次，就沒有一直帶在身上，要使用時才從家裡拿出來。

如果犯人用的是這兩把鑰匙所打出來的備用鑰匙，那麼應該就能夠大大縮小嫌犯的範圍了。

首先，要瞞過簡安世，偷走他的鑰匙再去打造備用鑰匙，似乎不是太容易的事。在之前的調查中，簡汶淇曾經說過，簡安世不會帶著手提包或背包出門，總是將鑰匙放在褲子口袋裡。就算是去喝酒，也不至於會讓鑰匙離身才對，更何況是要花上幾十分鐘去打一把鑰匙。

簡安世也沒有掉過鑰匙，至少簡汶淇沒有聽說過。

因此，要複製簡安世的鑰匙，雖然不是不可能，但是可能性似乎偏低。

再來是簡汶淇的鑰匙。

任篤傑覺得，這裡意外的是個可以著眼的方向。

簡汶淇一個月才去一次簡安世的住處，也只有那時才會用到鑰匙。更嚴格地說，是只有在那時才有辦法驗證鑰匙的正確性。假設有人偷走她的鑰匙，換了一把看起來相似的鑰匙，那麼她根本不可能會察覺。

犯人只要在她會用到鑰匙前先去複製一把，再將原本的鑰匙物歸原位，那麼很輕易地就能拿到備用鑰匙。

如果真是如此，那也就只有和她最親密的人，才有辦法做到這些事。

她和母親兩人同住，她母親當然是最有機會去打備用鑰匙的人。只是照簡汶淇的說法，她母親巴不得斷絕和她父親的所有關係，所以或許會連鑰匙都不想碰才對。

如果不可能是她母親的話，那就要問問看是不是其他人了。

「請問妳有沒有什麼好朋友，是會進到妳房間的？」任篤傑問道。

「沒有。」簡汶淇很快地回答。

「喔？妳好像非常確定。」

「自己的房間當然確定，我家不大，不會和朋友約在家裡，都是在外面見面。」

「姊妹淘也是嗎？女性應該會有幾位手帕交吧。」

「通常都是我會去她們家裡，但是不會來我家。」

這麼說來，就只剩下一種可能性了。

「男朋友呢？男朋友會不會進到妳的房間？」

任篤傑並沒有向簡汶淇說出自己推理的經過，只是單純提出問題，這是他之前思考過後的結果。

簡汶淇沒有立刻回答，只是表情似乎顯得相當複雜。

「抱歉，我並不想侵犯妳的隱私，也沒有別的意思，只是這可能會和案件有關，所以才會提出這個問題。」

「那你可以解釋為什麼會這麼問嗎？」

「如果妳可以回答的話，我會解釋。」

任篤傑必須等到簡汶淇回答後，才能視情況再決定要不要說明。如果他說明鑰匙的疑點，而簡汶淇為了保護某人而說謊的話，那就失去意義了。

「我沒有男朋友。」

「喔？這倒是很意外，妳不像是沒人追的女孩。」
「沒這回事。」
「妳剛才提到跟前男友一起去找伍英智。」
「對，不過分手一陣子了。」
「前男友有去過妳家嗎？」
簡汶淇面有難色。
「這到底和我爸有什麼關係？」
「很抱歉，方便的話請妳回答。」
「他會送我回家，有時候會進來坐。」
看來這個男人也是有機會拿到鑰匙的了。
「你可以解釋了嗎？為什麼要問這個問題？」簡汶淇問道。
任篤傑想了一下，便說出凶手必須要有鑰匙才有可能進到簡安世家中，因此有可能拿到鑰匙的人都有嫌疑。除了簡安世的鑰匙以外，就只剩下簡汶淇有鑰匙了，於是他必須先確認，是不是有人有機會可以去打備用鑰匙。
「所以你是在懷疑我的前男友嗎？」
簡汶淇的表情變得相當嚴肅。
「很抱歉，因為雖然我是在找人，不過和伍英智被殺相關，所以只能懷疑所有關係人，畢竟沒幾個凶手是會自己不打自招的。」任篤傑說道。

簡汶淇或許對他這麼坦白而感到意外。

「你常在調查案件？你是警察？」

「以前是，已經辭職了。」

「所以現在這不是警方的調查？」

「不是，就像剛才說的，我在找人。」

「是嗎？」

「先前的調查將妳父親視為嫌疑最重大的嫌犯，將矛頭都指向他，也因此並沒有對如何進屋這件事進行調查。但我認為，如果妳父親不是凶手，那麼要怎麼進屋就變得很重要了，於是才會想到可以從鑰匙這一點著手。」

任篤傑本來在懷疑她的前男友，現在卻將立場轉變為要還她父親清白，這可能讓她變得不知該如何反應吧。

見到簡汶淇沒有回答，任篤傑便不再說明，繼續詢問：

「你們是什麼時候分手的？」

簡汶淇想了一下，然後回答：

「已經快要半年了吧。」

「半年？那不正是伍英智被殺的時間？」

「在那之後沒多久，我那時只覺得怎麼事情全都連在一起發生。」

時間順序這麼接近，難道不是巧合？

「妳沒有想過他和事件會有關係？」

「當然沒有，他沒見過我爸，只跟我一起見過伍英智一次，怎麼可能會有關係。他根本沒有殺人的動機，警察那時候也調查過，不是嗎？」

任篤傑不記得調查報告裡有這一段，或許是因為沒有動機，也或許是他漏看了。

「你們為什麼分手？」

「我也不知道。」

簡汶淇嘆了一口氣。

「他有一天晚上打電話來，說有事情想談。之後我們見面，他說他愛上了別的女人，想跟我分手。」

「呃，這麼直接。」

「我嚇了一跳，連忙問是為什麼要分手。但是他只是一直說抱歉，其他卻什麼都沒說。他只說我們在一起的時候很愉快，但他已經無心和我繼續走下去，希望好好結束這段感情，所以才和我見最後一面。」

「妳在那之前有發現什麼嗎？」

「不，什麼都沒有，我完全沒發現可疑的地方。所以我也在想，說不定他只是找個藉口想跟我分手而已。」

「如果愛上別人是藉口，那妳覺得他為什麼要分手？」

「我怎麼知道？我到現在都還是想不通啊。」

簡汶淇看來有點激動，已經快要掉下淚來的樣子。

「抱歉，我不知道事情是這個樣子。」

「不……沒關係，是我太激動了。」

「然後你們就沒有再見面了？」

「嗯。提分手那天，我實在太過震驚，反而不知道該怎麼辦。他說完就走了，當下我反應不過來，也就沒有去追問他。後來我想要聯絡，但是他的手機一直都沒有接，傳簡訊也沒回。我去他家，但裡頭沒人回應。我打電話去他的公司，公司裡的人說他已經辭職了。最後連臉書和LINE都已經被刪除好友，我就完全沒辦法再聯絡上他了。」

任篤傑原本就對鑰匙感到懷疑，聽到這裡更像是抓到大魚的感覺。最有可能拿到備用鑰匙並進入簡安世家的人，現在也同樣音訊全無。如果不是巧合，那根本就是在證實任篤傑的推測是正確的。

不過一切都還言之過早，必須要更深入調查才行。

「對了，我還沒有問他的名字。」

「他叫梁明瀚。」

「梁明瀚？怎麼寫？」

簡汶淇將三個字的寫法分別告訴任篤傑。

「他的年紀和職業？」

「二十九歲，在外商公司擔任業務經理的工作。」

「喔？感覺上好像相當有成就啊，收入應該也不錯吧。」

「是啊，而且他的前途一片大好，已經預定要去接任其他部門的主管了，可是不知道為什麼卻突然辭職。」

「妳很擔心他吧？」

「當然，可是我又不知道該怎麼辦才好。就算有問題也可以好好談啊，但是根本就找不到人，連話都沒辦法說。」

「妳覺得你們之間有什麼問題嗎？」

「不，我覺得沒有。我們相處得很好，也沒吵過架。」

「喔，那滿難得的。你們交往很久了嗎？」

「大概一年半了吧。」

「交往這麼久都沒吵架，真是了不起。」

「不，這沒什麼，我和他本來就都不是會吵架的人。」

「這麼說來他的脾氣很好嗎？」

「嗯，他對我很好，從來就沒有發過脾氣。如果我真的曾經因為什麼事讓他不滿，他從來沒說過，我也沒辦法知道。」

「這麼說來，也許他有很多事從來隱忍不說，所以妳也不會知道了。」

「是啊……」

「不，其實大家都是這樣，本來就不可能將所有事都告訴另一半的，我覺得這很正常。講句難聽點的，很多殺人犯總是在曝光之後，親人才意外地發現，原來平常那個老好人，竟然會是個殺人凶手。」

「他才不是殺人凶手……」

簡汶淇的話好像說到一半就停了，似乎是想到了什麼的樣子。任篤傑沒有錯過她的這種反應，於是問道：

「怎麼了嗎？妳想起什麼了？」

簡汶淇沉默著，過了好一陣子，才終於開口說道：

「剛剛提到殺人凶手時，我想到了一件事，不過覺得應該沒有什麼關係才對。」

「喔，說來聽聽，說不定可以當成參考。」

任篤傑立刻問道。像這樣的直覺，常常才是最重要的關鍵。

「但是那真的毫無關係，太荒謬了，我不應該說的。」

「就算毫無關係也無所謂。」

「好吧。」

簡汶淇總算下定決心的樣子。

「我剛剛只是想到，他曾經有提過，他身處在被殺害的情景裡，而且栩栩如生。」

「我不懂，那是什麼意思？」

「他曾經做過被殺害的夢。在夢中，他被一個女人刺了一刀。」

「那是在什麼時候，妳還記得嗎？」

「應該是這一年來才開始的，我有聽他提過幾次，不過因為只是做夢，所以其實我也沒有太放在心上，只是在想也許是他看了太多犯罪影集，所以才做了夢吧。」

「有很多次嗎？」

「不，應該不到很多次，至少我只聽過兩、三次吧。」

「但也許他只是沒有告訴妳。」

「那我就不知道了。」

任篤傑不知道這個消息有沒有用，不過聽起來相當可疑。

「他是不是曾經捲入什麼刑案？」

「不，完全沒有。他就是那種好學生，從好大學畢業，進入好公司，完全沒有不好的習慣與行為。」

在暗地裡做的，不會有人知道。任篤傑這麼想，但他沒有說出來。

「再說到分手這件事，他既然說愛上了別的女人，那妳懷疑過他劈腿吧？」

這通常是最常見的答案。

「嗯，懷疑過，但是我找不到證據，所以應該是沒有。」

「除非他真的掩飾得非常好。」

「畢竟我並沒有跟他住在一起，也不可能掌握他的所有行蹤，但是以女人的直覺來說，我認為是沒有。」

「如果是這樣，那應該是曾經發生了什麼事，才讓他出現這樣的改變。妳覺得呢？他身上發生過什麼大事嗎？」

「在我們交往的期間嗎？」

簡汶淇想了一下，然後說道：

「交往期間並沒有，不過在那之前，他曾經動過手術，我想那應該是在他身上所發生過最重要的大事了。」

「手術？什麼手術？」

「他在兩年前動過心臟移植的手術。」

# 3

根據簡汶淇的說法，梁明瀚患有擴張性心肌症，所有的治療也都沒有效果，只剩下心臟移植這個方法而已。

不過心臟的捐贈者數量相當有限，而且也有著能否配對的問題，所以需要移植者都只能祈求上天保佑，等待合適的心臟來進行手術。

梁明瀚並不是家世顯赫的人，他只是一般人，所以除了等待之外也別無他法。他努力工作力爭上游，有一部分原因也是為了賺錢，以便將來可以出國進行手術。但是他的運氣很好，在兩年前突然接到通知，有心臟可以移植，於是立刻就動了手術。

手術很順利，出院後的身體狀況也一直都還不錯。除了必須吃免疫抑制劑以及定期回醫院檢查之外，其他和一般人並沒有什麼兩樣。

大約在半年後，簡汶淇和梁明瀚開始交往，有時會去他家過夜。有一次梁明瀚在睡覺時突然大叫著醒來，簡汶淇也在睡夢中被驚醒，連忙問他是怎麼回事。梁明瀚驚魂甫定，只是不斷喘氣，等到心情終於平靜之後，才說出他做了個被人殺害的夢。

在那之後，又再發生了一、兩次，但在醒來之後，梁明瀚都只是說又做了那個惡夢，但其他都沒有多提。而簡汶淇也並沒有放在心上，她覺得只不過是惡夢，並不是真的發生，應該沒有什麼問題。

不過簡汶淇平常還是住在自己家裡，並不是和梁明瀚同居，所以當她不在的時候，梁明瀚是不是也做了同樣的惡夢，簡汶淇就不知道了。

因為她並不在意這件事，所以也沒有特別問梁明瀚。

但是後來就開始變得不太一樣了，簡汶淇覺得梁明瀚似乎總是若有所思的樣子。她雖然也是有詢問，但梁明瀚卻總是笑著否定。而儘管簡汶淇並沒有再多問，卻也覺得梁明瀚好像只是在敷衍她。

她懷疑過是不是梁明瀚另有第三者，所以開始對他的行蹤變得特別留意，而他在網路上的行為也都被她偷偷查看過。她也知道連進男友的電子郵件和臉書這類社群網站是不道德的行為，但她卻沒有辦法不這麼做。

手機當然更不用說，像是LINE之類的即時通訊軟體，或是通話記錄和傳統的手機簡訊，她都曾經偷看過。

只是她什麼都查不到，雖然她的直覺也告訴她，梁明瀚並沒有劈腿，所以等於是證實了她的直覺。

但這樣反而讓她覺得奇怪，如果這樣的話，為什麼梁明瀚會心不在焉，好像在想著什麼的樣子？雖然次數不算多，但她還是會有這種感覺。

這件事一直掛在她的心上，感覺有事，但她卻查不出是什麼事。梁明瀚對她還是很好，雖然有一點疑惑，但她也只能繼續這樣過著原本的生活。

就這樣過了幾個月之後，簡安世失蹤了。

在那段時間，梁明瀚是支持她的最大力量。她母親根本不在乎簡安世的死活，所以對他的失蹤也完全沒有感覺。她無法跟母親說這些事，只能向梁明瀚訴苦。

卻沒想到，梁明瀚竟然向她提出分手。

簡汶淇毫無頭緒，她不知道發生了什麼事。是她做錯了什麼？還是梁明瀚真的劈腿了？她根本不知道為什麼。

她並不想分手，於是她打電話到他家和手機，另外也傳了通訊軟體的訊息與簡訊，但是梁明瀚都沒有回。

她也去了他家，但屋裡沒人回應。梁明瀚是從南部來到台北工作，一個人住。雖然是男女朋友，但他並沒有給她鑰匙，所以她沒辦法進去。

由於私人的聯絡方式都找不到人，她沒有辦法，只好打了梁明瀚公司的電話，想到公司找他，只是得到的答案卻讓她非常驚訝。

梁明瀚在上個星期就已經辭職了，公司裡的人這麼回答。

辭職？簡汶淇根本沒有聽說，完全不知道這件事。

她突然覺得梁明瀚很陌生，雖然是個交往了一年半的人，理應是最親密的人，但她卻覺得他比普通朋友還要陌生。

他們兩人並沒有共通的朋友，所以她也無從問起，不知道該怎麼去找他。就這樣，他們完全斷了聯絡。

已經半年了，簡汶淇還在調適，她仍然不知道發生了什麼事。雖然人們常說分手的理由都是假的，只有分手才是真的，但就算如此，她也想要得到一個理由，因為她覺得梁明瀚在說謊，他並不是因為愛上了別人才分手。

任篤傑在心裡整理了到目前為止所得到的線索。

「妳剛才並沒有提到太多心臟移植的事。」任篤傑問道。

「嗯，因為他就只是運氣很好地有心臟可以移植，術後的狀況也很良好，並沒有其他特別的狀況。」

「你們是在他動完手術之後才開始交往的吧。那妳是什麼時候知道他曾經動過手術？在交往之前就聽說了嗎？」

「在要交往之前就知道了，因為他常要吃藥，所以有問過。」

「除了那個惡夢，還有無預警地提出分手之外，梁明瀚身上沒有發生其他事嗎？妳能不能想到什麼事？」

簡汶淇想了想，然後回答：

「印象中是沒有。」

「他沒有的話，那妳呢？」

「我？」

簡汶淇反問。

「妳曾經因為他的心臟移植，而發現或經歷了什麼不尋常的事嗎？如果不是因為他的心臟移植，就不會發現的事？」

「動手術的人是他，我怎麼可能會有什麼經歷？」

「也許不是妳的親身經歷，也許只是聽來的傳聞，說不定妳曾經對他說過一些和心臟移植相關的事？」

如果梁明瀚身上沒有其他異狀，那麼簡汶淇應該會有吧。如果什麼都沒有的話，是不可能發生變化的。

「怎麼可能，啊，等一下……」

簡汶淇的話突然中斷，好像在想什麼的樣子。

「是有一件事，可是那和他無關。」

「說來聽聽吧。」

「其實也沒什麼，只是我爸以前的學生，後來在同一間公司工作，在兩年前也動過心臟移植手術。」

「喔？」

「雖然我沒見過那個人，是聽我爸說的。」

「妳知道那個人叫什麼名字嗎？」

「不記得了，是個女生。」

女性，以前是簡安世的學生，現在在同一間公司工作，任篤傑剛好知道有個人完全符合這個條件。

「妳聽過白筠玲這個名字嗎？」

「咦？對了，就是她，我記得不是個很常見的姓，不過剛剛一時想不起來。沒錯，就是這個人。」

「妳是聽妳父親說過，白筠玲動過心臟移植手術？」

「對。應該是在他失蹤前沒多久吧，有一次打電話閒聊的時候，提到我男友動過心臟移植手術。我爸想到白筠玲也曾經動過手術，所以稍微提了一下。還講到那時候他們的工作很忙，人手已經不足，但是白筠玲卻突然接到通知要住院等待，使得工作變得必須要大家分擔處理。喔，我爸並不是在抱怨，只是覺得世界上竟然也是會有這種事。」

「妳曾經對梁明瀚提過嗎？」

這是任篤傑覺得非常關鍵的一點，而他也認為答案一定是肯定的。

「有啊，因為很難得嘛，認識的人會做心臟移植，一般人通常也碰不到一次，而我竟然同時知道兩個人，所以就提了一下。」
「妳是怎麼說的？」
「其實我不認識白筠玲，也不知道她的情況，所以只是提起我爸公司裡也有人曾動過心臟移植手術，就這樣而已。」
「他有問什麼嗎？」
「嗯……我想一下。」
簡汶淇花了一點時間才回答：
「他好像是問我認不認識那個人，她是什麼樣的心臟疾病之類的，因為我都不知道，所以也沒辦法回答。」
「他有問白筠玲的手術日期嗎？」
「喔，這個有，不過我也不知道正確的日期，只知道也是兩年前，和他手術的日期好像滿接近的而已。我只是聽說，本來就不知道太詳細的事，而且也沒興趣。他看我也回答不出個什麼所以然，之後也就沒再問了。」
從簡汶淇這裡得到的消息，比任篤傑預期的還要多。
梁明瀚和白筠玲都是心臟移植者，都在兩年前進行手術，而且梁明瀚經由簡汶淇的轉述，得知白筠玲的存在。

梁明瀚問的問題，雖然簡汶淇沒辦法回答，但是梁明瀚只要回到醫院去，詢問熟識的醫師或護理人員，必然可以得到一些線索。就算說的人覺得只是講一些無關緊要的事，但是湊起來之後，一定還是能夠得到重要的情報。

到目前為止，他不知道兩名心臟移植者的意義何在。伍英智是在簡安世家中被殺，而從目前為止的調查報告看來，伍英智與心臟移植並沒有任何關係。

儘管與簡安世相關的人，很巧合地有兩名心臟移植者，但這能否聯結到伍英智，目前仍然存疑。

也就是說，目前這仍然是兩起不同的事件，沒有相關性。

但對任篤傑來說，他卻認為這似乎隱藏著什麼意義。

因為在他去找了白筠玲之後，就因為對簡安世家鑰匙來源的懷疑，而得知梁明瀚這號人物有可能取得鑰匙。然後他知道梁明瀚曾做過心臟移植手術，而在相近的時間，白筠玲竟然也做過同樣的手術。

任篤傑才剛去找過白筠玲，她卻在後續調查的過程中又再出現。

這如果不是巧合，那肯定是有著什麼意義的。

從簡汶淇那邊已經得不到有力的情報，於是任篤傑向她道謝，也請她如果有想到什麼的話再跟他聯絡，然後便離開。

而他也已經決定了下一步該怎麼走。

任篤傑開車來到了中和的一棟大樓。

他來找一名駭客，直接從他這裡取得情報是最快的了。

他們從一年前開始合作，任篤傑曾經跟他合作過很多次，深知駭客的手腕相當了得，可以幫上很多忙。也因此如果是可以駭進別人系統來取得的情報，他總是會直接來找他，省下自己調查的時間。

他來到門口，按下電鈴。

對講機沒有回應，但是大門很快地開了。

駭客從來也不確認來者是何人，相當大膽，任篤傑總是很佩服他的膽量，他或許從來沒想過自己會被警察抓吧。

任篤傑搭乘電梯，到了十二樓，這是頂樓了。

他按下門口的電鈴，門被打開，駭客就在門裡。

「喲，任兄，好久不見了。」

「是啊，好久不見。」

簡短的打過招呼，任篤傑走了進去，隨手關上大門。

任篤傑都稱呼駭客為小紀。

駭客的年紀並不大，才二十五歲，但是長相倒是相當老氣，就算被當成是四十歲也不為過。

他在網路上的暱稱有很多個，不過最常用的是GI開頭的一串英數字。據他說那個暱稱並沒有意義，只是以前在註冊時隨手打的。而從GI的諧音，也因此就被稱為小紀。

任篤傑調查過小紀的資料，但他其實是個平常人，只是因為在電腦上有著特殊的才能，興趣使然，所以就成了駭客。

不過向他請求調查情報時，他還是會收錢的，雖然他並不以此為生，而是另有其他工作。他因此賺了多少錢，任篤傑就不清楚，也沒問過。

「任大俠親自來見在下，寒舍蓬蓽生輝，不知有何貴幹？」

「文綢綢的是在搞什麼鬼。有兩個人在兩年前做過心臟移植的手術，我想知道他們的心臟捐贈者是誰。」

「喔，這簡單，你把他們的名字給我。」

小紀指著桌子上的紙筆，任篤傑很快地寫下「梁明瀚」與「白筠玲」這幾個字。

小紀坐到了電腦前，手指很快地動了起來。

「其實我每次都在想，你的打字速度並沒有特別快。」

「是沒有很快，幹嘛說這個？」

「電視或電影上的駭客，每個人在打字時，手指都跟在飛一樣。」

「哈，如果要我上電視的話，也是可以打的快一點。」

「你上電視只可能是在被抓的時候吧。」

「請大俠手下留情啊。」

他邊開著玩笑，邊拿起旁邊任篤傑寫字的紙。

任篤傑看著螢幕，小紀似乎已經進入了某個系統，畫面非常簡單，只有幾個可供輸入的欄位而已。小紀將游標停留在姓名的欄位上，一閃一閃的。

「好快啊，你已經準備要查了嗎？」

「是啊。你等一下，很快就好了。」

小紀輸入「梁明瀚」三個字，畫面切換，顯示出許多欄位與資料。

「印下來給你吧。」

小紀又敲了幾下鍵盤，旁邊的印表機立即發出聲響，沒多久後就印出幾張資料。然後他又重複同樣的動作，只是這次輸入的是「白筠玲」。

最後，小紀從印表機的紙匣上取出印好的紙張，並遞給任篤傑。

「搞定。」

「也太快了吧，剛剛這麼短的時間，你就已經入侵完成了嗎？我完全看不懂。」

「什麼入侵，我哪需要臨時抱佛腳。當然不是，我早就有他們內部系統的帳號密碼，剛剛只是連上系統，登入進去查詢罷了，當然快。」

「很多人找你調查心臟移植資料？」

「在還沒有人來找我調查之前，我就已經入侵過他們的系統了啊。倒也不是覺得會派上用場啦，只是好玩才想辦法入侵而已。後來帳號密碼就一直留著，他們也沒在定期換密碼，省了不少工夫。」

「這就叫有備無患嗎？」

「這個成語的使用情境不是這樣吧。」

「總之謝啦。」
任篤傑塞了三千元給小紀，他身上只有這些錢。
「抱歉，臨時決定要過來，只有這些，下次再一起算吧。」
「不用客氣，我只是動動手指而已，這樣就夠了。感謝惠顧。」
小紀做了個敬禮的手勢。
「那我先走了。」
「不送囉。」
小紀看了任篤傑一眼，也沒起身，就繼續敲打鍵盤。
任篤傑走到門口，正要走出去時，突然被小紀叫住。
「任兄，心臟移植的手術不常進行吧。」
「不算多，全台灣一年加起來可能不到一百例吧。」
「這兩個人在同一天進行手術呢，而且是在同一間醫院。」
「什麼？」
任篤傑走回小紀旁邊，看著螢幕。
小紀說的沒錯，的確是如此。
巧合嗎？
任篤傑記得，簡汶淇說過梁明瀚的手術日期和白筠玲很接近，但她並不知道正確日期。現在可以肯定了，果然很接近，因為根本就在同一天。

離開小紀的住處後，任篤傑開車回去。

他現在手上有梁明瀚和白筠玲的心臟移植相關資料，也知道兩名捐贈者是誰，他可以去調查那兩個人，看看是不是如他所猜測，和犯罪事件有關。

不過事實上他心裡已經有譜了，他想起了一個事件，接下來只是要確認記憶正不正確，然後得到更多細節而已。

回到家裡，他打開鐵櫃，想要找出那個事件的資料。

幸好他經手過的案件，總是會保留下來。畢竟不知道什麼時候會派上用場，保留著總比要用到時無法取得來的好。而現在他正好就遇到這種情況。

他花了一點時間，就從很多文件夾中找到了那個事件的資料。雖然鐵櫃裡大部分的資料大概永遠都不會再拿出來看，但是現在他仍然很感謝，還好有這個習慣，讓他省去很多麻煩，不用再去重新調查。

畢竟他現在已經不是警察，不能直接去查過去的調查報告。單憑他個人的能力，當然也可以查得出來，但總是要花上不少時間。可以省下這些時間總是件好事，他可以直接往下一步走，而不需要再分心去調查。

將心臟捐贈給梁明瀚的人名叫潘信忠，捐給白筠玲的則叫徐瑜梅。

而當時兩人的年紀，潘信忠是二十八歲，徐瑜梅二十五歲。

他們住在台北市北投區。

這兩個人曾經是情侶，交往了半年的時間。

分手是由徐瑜梅提出的，因為她認為潘信忠有暴力傾向且神經質，讓她非常害怕。她曾經被甩過巴掌，身體上的傷害雖然輕微，但是心理上卻已經有了極大的陰影。她害怕自己有一天遭遇不測，所以向他提出分手。

但是潘信忠的佔有慾非常強烈，他無法接受分手的要求，因而大吵大鬧並且糾纏不清。就連徐瑜梅已經搬離兩人同住的地方，另外租屋，他也不知從哪裡得到的消息，竟然知道她的住處，並且常常去糾纏她。

從徐瑜梅提出分手後，大約一個月的時間裡，潘信忠仍然不斷騷擾她，讓她一直生活在恐懼之中。

她雖然也曾向朋友求助，但並沒有真的找人來保護她。或許她並沒有察覺到事情的嚴重性，認為自己最終還是能夠處理吧。

可惜的是事態遠比她所想像的還要嚴重。

到了發生事情的那一天。

由於兩人最後都死亡，而且現場並沒有第三人，所以詳細的經過無法從當事人口中得知。經由警方調查後而推斷出的過程，大致是如此的。

星期六下午，潘信忠又來到徐瑜梅的住處。他不斷按電鈴，而且大聲敲門，因為聲音非常大，得到鄰居的證實。

徐瑜梅可能是無法放任他這樣吵鬧，所以讓他進了屋內。畢竟再讓他吵鬧下去，說不定連警察都會找上門。但如果當時警察到場的話，對徐瑜梅才是有利的，她那時不知怎麼想的，竟然讓他進門。

或許她只是想讓他安靜下來而已，但事實證明這是最糟的決定。

有鄰居很擔心，所以站在大門外頭觀望情況。沒多久之後，從屋內就傳出吵鬧的聲音，顯示兩人在屋內也是同樣在爭吵。

在爭吵的過程中，其中一人拿起了水果刀。

警方在調查中得知，水果刀是徐瑜梅家裡在使用的，不是潘信忠從外面攜帶進來。由於沒有人目擊，所以是潘信忠還是徐瑜梅先拿起刀子的，並沒有辦法判定。有可能是徐瑜梅為了防身，但之後卻被潘信忠搶走，也有可能是潘信忠在氣憤之下拿起了刀子，或許並不是為了殺人或是造成傷害，而只是為了威嚇。不過由於屋內沒有其他人在，所以沒有辦法判斷。

唯一可以確定的，在被對面住戶目擊時，已經是潘信忠拿著刀子。就算是徐瑜梅先拿的，最後也已經被潘信忠搶走。

那時，徐瑜梅發出尖叫聲，連對面的公寓都能聽得一清二楚，所以當時剛好在家的人便探頭出來看。徐瑜梅住在四樓，對面五樓公寓的住戶，看見潘信忠手上拿著刀，和徐瑜梅兩人在陽台上對峙。

隨著潘信忠的步步逼近，徐瑜梅開始尖叫，雙手瘋狂地揮舞。在混亂中，徐瑜梅的手重重地打向潘信忠，潘信忠雖然用手去抵擋，但由於力道相當大，導致他的手撞到牆壁，水果刀因而掉到地上。

失去了武器的潘信忠，一瞬間似乎無法掌握情況，而徐瑜梅的反應很快，立刻就彎腰撿了起來。然後，她的身子往旁一閃，背頂著陽台側邊的牆壁，將剛剛撿來的水果刀用雙手握住，刀刃正對著潘信忠。

不知為何，儘管面對著利器，潘信忠竟然不知恐懼似地往前衝去，似乎不將刀子放在眼裡。在潘信忠的突然逼近下，徐瑜梅雙手向前一送，將水果刀刺入潘信忠的腹部。

這突如其來的變故似乎讓潘信忠一時無法掌握情況，他看著肚子，又看著徐瑜梅，頓時停下動作。至於徐瑜梅，可能也被自己的舉動嚇傻了，一動也不動。

短暫的平靜並沒有維持多久，潘信忠突然雙手向徐瑜梅用力一推，徐瑜梅背靠著陽台的牆壁，就這麼倒栽蔥地往下掉去。

陽台的牆壁大約只有腰部的高度，而且沒有安裝鐵窗，所以如果是牆邊被用力往外推，很容易就會掉下去。

在事後看來，沒安裝鐵窗似乎是非常大的錯誤。但這種事情的發生畢竟是特例，許多人為了美觀，還是不會安裝鐵窗。

對面公寓的住戶見狀，立刻打電話給一一九。其實在之前兩人爭吵時，對面住戶就已經打電話報警了，不過警方還沒趕到時就已經發生殺人事件，於是就又打了電話叫救護車。

潘信忠被水果刀刺入腹部，大量出血，在陽台倒地不起。而徐瑜梅雖然從四樓掉落，卻在掉落的過程中，撞到了二樓的遮雨棚，改變了方向，免於頭部直接著地，但落地後也同樣血流不止並失去意識。

救護車沒多久就到了，兩人被緊急送醫。

警察則是在抵達後開始進行調查，由於鄰居和對面住戶的目擊，所以對事情的掌握度也較高。因為兩人都已經送醫，也沒有第三人的出現，案情單純，警方之後便通知雙方的親人，由家屬來進行後續的處理。

兩人送醫後，雖然進行緊急手術，卻一直都沒有脫離險境，始終都在加護病房中觀察。而兩人也都曾經簽過器官捐贈同意卡，因此家屬也都已有心理準備，如果真的無法救活，就依照他們生前的意願來進行器官捐贈。

一般來說，如果是非病死的屍體，必須經由司法相驗，不得摘取器官。但是這個案件不同，案情很單純，就是兩人的感情糾葛而導致的不幸，並沒有牽涉到其他人。而且他們在當時並未死亡，而是重傷，如果最後真的無法救活，死因也很明確，也就不需再經由司法相驗。因此事前已經確認，器官捐贈是沒有問題。

最終兩人仍然不治，很諷刺的是，雖然不是同時死亡，但卻也死在同一天。潘信忠死於早上八點，而徐瑜梅則是在下午三點。

而器官移植的準備，在他們死亡之前就已經準備好了。因為他們的情況都不樂觀，所以院方早就做了最壞的打算，如果真有不測，就立刻進行器官移植。

在他們兩人感情還很好的時候，曾經一起去簽器官捐贈同意卡，卻沒想到最後會在這種情況下派上用場。

兩人一起簽下同意卡，最後讓對方死亡而捐贈器官的卻正是他們自己，天底下竟然會有這麼荒謬的事。

梁明瀚和白筠玲，分別是適合潘信忠與徐瑜梅心臟的病患。他們事先就已經被通知，可能會進行心臟移植，因此在前一天就已經住在醫院裡等待。由於心臟被取出之後，通常必須在四到六小時之內進行移植，是在跟時間賽跑，不能有多餘的時間浪費。所以在確定他們死亡後，立刻就進行器官移植。

兩人的手術結果都很成功，住院觀察了一個月之後，術後復原情況良好，沒有其他問題，因此很順利地出院。

這就是關於心臟捐贈者的事件。

兩名捐贈者，彼此正是造成對方死亡的人。

奇妙的是，根據簡汶淇的說法，梁明瀚曾經做過被一名女子刺死的夢。是在心臟移植之後，而且夢到了好幾次。

突然出現的惡夢，而且重複夢到好幾次，這其實已經是相當異常的事了。

而在查明過去的事件之後，現在很清楚的是，那根本就不是夢，而是心臟捐贈者潘信忠所遭遇的經歷。

捐贈者的過去，變成了移植者的夢境。難道梁明瀚真的繼承了潘信忠的記憶嗎？不然該怎麼解釋這個現象？

記憶有可能在心臟的移植中，也同時轉移給接收心臟的人？

如果真的有這種事好了，那為什麼記憶並不是出現在移植者清醒的時候，而只在夢境中才出現？

任篤傑突然想起，梁明瀚透過簡汶淇，知道白筠玲也動過心臟移植手術。只要梁明瀚回醫院去調查，那麼一定很容易就可以知道，在他動手術的同一天，也有人做了心臟移植手術。

就算醫生或護士不會說出移植者是誰，但是梁明瀚已經知道是白筠玲，也因此他只要知道是同一天，那就已經足夠了。

之後他要查出捐贈者是誰，也不是不可能的事。任篤傑自己就是個很好的例子，他只是花錢找人幫忙，就能查出來，不難想像梁明瀚也能夠做到同樣的事。只要找到對的管道，之後都非常簡單。

而假設梁明瀚查出過去的事件，也知道白筠玲得到了徐瑜梅的心臟，那會如何呢？他會怎麼想？

如果梁明瀚繼承了潘信忠的記憶，而潘信忠是被徐瑜梅殺害的，那麼梁明瀚會不會認為，自己曾被徐瑜梅所殺？

儘管從來沒這回事，他明明活得好好的？

由於徐瑜梅已經死了，那麼繼承她心臟的白筠玲，當然也就變成是徐瑜梅的分身。白筠玲，就等於徐瑜梅。

梁明瀚會不會因為過去的這場因緣，而去找白筠玲報仇？

任篤傑的推理雖然並沒有足夠充分的線索，但在合乎邏輯的思考之後，卻仍然得到了這個結論。

簡汶淇說梁明瀚變得若有所思的樣子，他是不是正因為繼承了潘信忠的記憶，甚至人格已經開始變化，才開始變得困惑？

但問題不僅如此，情況可能更為嚴重。

畢竟因為案情特殊的關係，不是只有一名凶手與被害者。潘信忠並不只是被殺，他也是殺害徐瑜梅的凶手。

也就是說，梁明瀚所移植的，並不只是被害者的心臟，同時也是殺人犯的心臟。

既然他移植的是殺人犯的心臟，那麼或許也就會變成殺人犯了吧。

## 4

如果梁明瀚繼承了潘信忠的記憶，甚至轉變為潘信忠的人格，那麼現在的他，或許會認為自己曾經殺過人，是一名殺人犯。

如果他自己的認知已經變成如此，那麼曾經殺過徐瑜梅的他，也許並不介意再殺幾個人。對殺人犯來說，殺一個或兩個甚至更多個，可能並沒有什麼差別。

如果他的人格已經轉變，那麼對他來說，同樣移植了心臟的白筠玲，應該也就等同於是徐瑜梅了。倘若真是如此，那麼殺害白筠玲就等於是殺害徐瑜梅一樣。

他殺的還是同一個人，只不過是第二次罷了。

這是個荒謬的結論，他也覺得非常超現實。但不知為何，這麼不可思議的情況卻在此時顯得相當真實，這也讓任篤傑覺得非常憂心。

畢竟就在這種詭異的情況下，梁明瀚失蹤了。

如果他的想法意外地貼近事實，那麼或許事態比想像的還要危急。梁明瀚如果真的因為繼承了殺人犯的記憶，因而無法抑制殺人衝動的話，那麼他的目標很明顯的就是白筠玲，她將會是唯一有可能遇襲的人。

如果真是如此，那麼說不定白筠玲會遇上危險。

不對，等一等，任篤傑打斷了原本的思考過程。

雖然他覺得自己的推理儘管荒唐但卻合理，不過因為突然發現了一件很重要的事，所以完全推翻了他的結論。

他忘記考慮時間了。

梁明瀚失蹤已經是半年前的事了，而白筠玲到現在都還是活得好好的。任篤傑才剛去找過她，不需要再證實。

這麼說來，他的推理是錯誤的嗎？也許梁明瀚的失蹤，並不是因為想要報仇？也許他根本就沒有變成殺人犯，也不想殺害白筠玲？

任篤傑覺得混亂。這些人表面上看來都沒有直接的關聯，但是繞來繞去卻都會出現同樣的名字，所以他認為自己得到的線索應該是有效的，只是不確定該怎麼運用。事實證明他的推理有誤，而他不知該如何修正。

梁明瀚有機會取得鑰匙並進入簡安世的家，以及梁明瀚似乎繼承了潘信忠的記憶，這是任篤傑所做出的假設，不見得是事實。

任篤傑決定將假設放在一邊，先只專注在事實上。這才是基本，必須得到有事實佐證的線索，才有辦法進行後續的推理。

有些事實是無庸置疑的，他很快地思考了一遍，突然發現一件奇妙的事。

伍英智被尖銳的水果刀所殺，潘信忠也是。

凶器一致，這會是巧合嗎？

任篤傑覺得，在經歷了剛才的推理之後，要說這是巧合，似乎很難說服得了他。或許是因為一些還看不見的關聯，才會讓致兩人於死的凶器是相同的。否則在簡安世家中，不是只有水果刀，一定還有其他東西可做為武器，為什麼偏偏會選上水果刀？

伍英智死在客廳，從現場的血跡看來，他並沒有移動，這表示凶手是在客廳用水果刀刺死他。水果刀通常會放在廚房，在客廳的可能性不高。而根據現場的狀況，並沒有發現要在客廳使用水果刀的理由。

也就是說，殺害伍英智的人，不選擇隨手可得的東西，而是特地到廚房拿取凶器。不僅如此，在廚房時也不拿其他的東西，拿的剛好是水果刀。

這不算有效的證據，甚至也稱不上是情況證據，不過這個巧合卻讓任篤傑相當重視。他甚至覺得，或許這在最後會成為重要的線索。

這麼一來，梁明瀚是否繼承了潘信忠的記憶，甚至變成潘信忠的人格，就變成是必須要確認的事了。因為這牽涉到是否要將兩起事件同時考慮進來，影響的層面完全不同，必須要弄清楚才行。

心臟移植真的有可能改變個性或記憶嗎？任篤傑覺得有需要去弄清楚這一點。不過比起自己調查，去找人問比較快，而且也比較正確。

他剛好認識一個知識淵博的人。

星期三晚上七點，任篤傑來到龐畢奇。

既然要來酒館，所以他也像上次一樣，沒有開車過來。他還滿中意這裡的，打算以後時常過來喝酒。所以他在想，來這裡時就不開車，未來或許也會變成一種習慣。

任篤傑知道偵探是這裡的常客，不過他不打算來了之後撲空，那太浪費時間，所以他事先打電話給偵探，約好在這裡見面。

他推開玻璃門，走了進來。

環顧店內，他發現偵探已經到了，就坐在靠牆的位子。

偵探在這一帶相當有名，他總是在外頭閒晃，四處和人交流。因為他的知識豐富，說話又相當風趣，所以很多人都喜歡跟他聊天，聽他說些有趣的故事。

他通常都是一副邋遢的打扮，也總是能夠吸引跟他氣味相投的人，因此在他和這些人交流的同時，也能得到許多當下的情報。來自這些每天在外奔波的朋友們的情報，也總是最即時也最有效的。

任篤傑常常會來找他，有時是為了事件的搜查，有時就只是單純的聊天。他覺得和偵探的交流本身就是非常有趣的事，他總是樂在其中。不過他通常都是在外頭的公園和偵探見面，這還是第一次在龐畢奇裡。

大家都叫他寇公。

他的年紀是六十歲，在這個年紀，頭上已經長出不少白髮。慈眉善目，臉色紅潤，看來相當健壯，一點都沒有要步入老年的樣子。會尊稱他是寇公，並不是因為年紀，而是因為他的學識與記憶力超人一等，總是讓人折服。

寇公從來不說自己的事，也沒什麼人知道他的名字。不過寇公並不是遊民，還是有個棲身之處。在任篤傑還在當警察的時候就已經認識寇公了，因為警察身分的關係，有足夠的理由可以知道寇公的名字。

寇公名叫寇炳麟，和妻子住在靠近河堤的公寓裡。因為他的住處離這裡不遠，所以沒事的話就會來這裡坐，順便和其他人交流。

當初會去伍英智的住處埋伏等待許仲濤，也是因為寇公正好在酒館裡聽到並通知他，才會有後續一連串的發展。如果不是因為這樣，任篤傑和這起事件毫無關聯，也不認識任何關係人，根本就不可能展開調查了。

他走到寇公旁邊，打個招呼，然後坐了下來。

「喔，你來了。」

寇公將手上的報紙放下來，微笑著說道。
任篤傑也露出笑容，點點頭。
桌上只有一杯啤酒，還有幾盤小菜。
看來寇公剛才就是一直在看報紙吧。任篤傑現在已經很少看報紙了，通常都是連上新聞網站看即時新聞，不過看來寇公仍然維持著這個習慣的樣子，這應該也是他的情報來源之一吧。任篤傑在想，好久沒看報紙了，明天有空的話找一份來看看吧。
他們兩人已經認識太久，沒有必要再做多餘的寒暄，所以任篤傑也沒有多說廢話，立刻就進入正題。
「寇公，我遇到一件奇怪的事，想聽聽你的意見。」
「說吧。」
寇公輕描淡寫，毫不在意似地回答。
「心臟移植之後，有可能繼承捐贈者的記憶嗎？」
「喔？」
寇公看著任篤傑，臉上的表情看似相當感興趣。
「這個說法相當含蓄，或者也可以說是保守。」
「怎麼說？」任篤傑問道。
「也就是說，在很多案例中，並不只是繼承記憶而已。」
「不只如此？」

「繼承捐贈者的記憶，指的是移植者能夠記起捐贈者的經歷，包括過去的人生以及發生的事，是這個意思吧。」

「是的。」

「如果只有繼承記憶而已，那其實就像是看一場由別人主演的電影，只不過自己不是參與演出的人。」

對寇公的話，任篤傑花了一點時間思考。

「如果只是繼承記憶的話，的確就是旁觀的感覺吧。但如果繼承記憶之後，錯將那些經歷當成是自己的，那就不只是旁觀了。」任篤傑說道。

「沒錯，那樣的話，移植者就已經變成是捐贈者了。不只是得到記憶，也得到了個性。也就是說，連人格都改變了。」

「原來如此，不只是記憶的程度而已，甚至已經深入到人格了。」

「如果只有記憶，那麼侵入性並不算高，但是如果連人格都改變，就等於是完全被捐贈者入侵了。」

「入侵？」

任篤傑對寇公用上這個詞，本來是覺得似乎有點言過其實，而且他很直覺地聯想到異形，那可不是什麼會讓人覺得舒服的例子。不過後來一想，移植者的身體本來就是遭到捐贈者的心臟這個異物入侵，這也是為什麼必須要服用免疫抑制劑的原因。如果不只是肉體，連精神都被入侵的話，那聽來的確相當驚悚。

而且這種說法並不只是異想天開，畢竟梁明瀚所發生的遭遇，似乎就是印證了這種奇妙的現象。

「正好，剛才用電影來舉例，你看不看電影？」

「電影？不太常看，沒什麼興趣。」

「那太可惜了，電影可是很有意思的，你可以在兩個小時內經歷別人的半生，卻又不用背負他們的業障。」

「我下次會用這種角度去看電影的。」

「哈哈哈，那倒不用，當成娛樂就好了。」

「寇公推薦什麼電影嗎？」

「有一部西恩・潘主演的，叫做『靈魂的重量』，有聽過嗎？」

「沒有。」

「原名是『21 Grams』，二十一克。」

「將二十一克譯成靈魂的重量？是有什麼典故嗎？」

「據說人在死亡之後，體重會減少二十一公克，有一派說法認為是因為靈魂離開了身體，才會減少這些重量。」

「原來如此。」

「西恩・潘演的那個角色，我記得是叫保羅吧。病重的他接受了心臟移植手術，保住一命。然後他去查出捐贈心臟的人是誰，卻沒想到因此愛上了捐贈者的太太。」

「那是因為他移植了心臟之後，人格已經變成了捐贈者，所以才會愛上原本是對方妻子的人嗎？」

「電影裡並沒有特別說明保羅是不是因為換心而改變了人格，或是如果沒有換心，他是不是仍會愛上那個女人。但是原本只是為了感謝，卻變成愛上對方，這種處理方式會有種因為換心才改變個性的想像，所以人格的改變算是一種解釋方式吧。」

寇公連角色的名字都記得，這也總是讓任篤傑相當驚訝。

「如果沒有說明的話，那就保留了不少想像空間了。」

「對，也許他遇上了真愛，有沒有換心都會愛上。但是故事並沒有處理這種假設的情節，所以呈現出來的，就是在他移植心臟以後，便愛上了捐贈者的妻子，彷彿是人格都已經變成是對方了。」

「這麼說來，如果是不同人來看的話，可能會得到不同的解釋？」

「對，電影裡牽涉到好幾個人的人生，故事要複雜的多，你有興趣就自己去看吧。另一個故事就明顯得多，和換心有著直接的關係。」

「喔？」

「有一本道家的典籍《列子》，那個故事就在這本書裡。」

「道家？這麼久遠？那是什麼時代？春秋戰國？」

「著書的是戰國期間的鄭國人，名叫列禦寇，所以應該是在那個時候寫的，不過正確的成書年代並不清楚。」

任篤傑點頭，寇公繼續說道：

「在《列子》裡有個故事，叫做扁鵲捩心。」

「扁鵲？是古代的那個神醫？」

「沒錯，據說扁鵲曾經進行過換心的手術。」

「扁鵲是什麼時代的人？我知道是古代的神醫，並不知道是什麼時代。」

「扁鵲的故事被後人穿鑿附會與加油添醋，已經缺乏合理性，所以很難斷定他是什麼時代的人。扁鵲一般被認為是東周戰國時期的人，而戰國是在西元前四百到兩百多年，所以已經是兩千多年前的人了。」

「兩千多年？這麼久以前就有換心手術？」

「那只是寓言故事，當然不是現代醫學所認可的，不會有人認真看待。就算是真的好了，要考證也無從考證起。」

「很難想像兩千年前的人就會換心。」

「也很難想像四千年前的人能蓋出金字塔啊，那種龐然大物就算是現在都不容易完成。當然也有人說那是一萬兩千年前蓋出來的，遠遠超出現在的人類歷史。」

寇公露出了笑容。

「來說扁鵲換心的故事吧。魯國有個人叫公扈，趙國有個人叫齊嬰，因為生病的關係，他們兩人一起去找扁鵲治病。病很容易就治好了，但是扁鵲卻發現，兩人身上有著與生俱來的疾病，並不是一般的治療可以醫治的。而幸好他有辦法，於是問兩人願不願意治療。

「兩人詢問是什麼樣的病，於是扁鵲解釋，公扈志強而氣弱，也就是善於謀略卻拙於決斷，齊嬰正好相反，志弱而氣強，不善於謀略卻過於獨斷。兩人的個性互補，如果能將心交換，那就非常完美了。

「於是他們同意接受手術。扁鵲讓他們喝下毒酒，昏迷三天，並進行心臟交換的手術。手術順利完成，兩人很健康地離開。

「但問題在他們回家時才發生，心臟交換的結果，卻連人格也交換了。體內有著齊嬰心臟的公扈，回到了齊嬰的家，而齊嬰當然也就回到公扈的家。

「兩家人無法接受這樣的結果，老公出門看病，回家時竟然變成了別人？最後兩人只好請到扁鵲出面說明，風波才停止。」

「換心導致人格交換，原來古代就有這樣的想法了。」

「不過故事裡倒是沒有說明，最後他們兩人究竟是回到原本自己的家中，還是回到對方的家中。這點還滿有意思的，對吧。」

「總覺得好像回去誰的家中都不太對。」

「哈哈哈，就是這樣。該回去心臟的家，還是身體的家，這是個大問題啊。」

「寇公，既然這是古代的故事，當成傳說聽聽就好，也做不得準。那現代呢？現代有沒有這樣的案例？」任篤傑問道。

「有，而且還不少呢。」

「喔？」

「例如有人本來個性開朗，卻在移植後變得陰鬱，甚至想跳樓尋死，後來才得知那正是捐贈者的死法。相反的情況也有，從心胸狹窄變得豁達與寬容，如果像這樣往好的方向發展倒也還不錯。」

「看來只能碰運氣呢。」

「另外也有飲食習慣改變的案例，本來不碰任何酒精的人卻開始喝酒，本來不吃的食物卻吃得津津有味。出現了不該有的記憶的情況也發生過，例如從來沒聽過的歌，卻知道歌詞，而且更知道該怎麼唱。」

「所以不是罕見的囉？」

「並不罕見，當然現代科學無法接受這樣的現象，所以仍然只被視為奇譚，無法成為科學所證明的事例。」

「這不意外，要經過科學證明也不是這麼容易的事。器官移植是為了治療疾病，而不是為了交換人格。如果要為後者進行實驗，恐怕會引起一番極大的爭議吧。這麼想來，這件事是永遠不可能成為科學理論了。」

「你說的沒錯。回到你最開始的問題，心臟移植導致記憶的繼承甚至人格的改變，這樣的說法從古代就有了，而現代的案例也不少。」

任篤傑點頭。

「而且在這樣的情況下，其實還隱含了一個結論。」

「什麼？」

「人的靈魂，就在心臟裡。」

「這……原來如此。」

「也就是說，所有心臟移植所造成的現象，都可以歸結於一個原因，就是靈魂的轉移。因為捐贈者的靈魂寄宿在移植者的身上，才會導致記憶與個性改變的現象。」

「靈魂嗎？對了，剛才提到的那部電影，名字就是『靈魂的重量』。故事裡頭也有心臟移植，看來這樣的連結是很顯而易見的。」

「沒錯，將這兩者連結在一起是相當直覺的想法。」

「的確如此。」

「關於心臟移植的事情，大概就這樣了。話說回來，你在調查什麼案子嗎？」寇公問道。

「就是伍英智被殺害的案件。」

任篤傑先這麼回答，然後在腦中花了一點時間整理。雖然真正著手調查的時間只有幾天，不過他已經得到了不少情報。因為他還不知道該怎麼運用，也還沒辦法推理，所以他索性不加入自己的想法，就將所有已知的事情都說了出來。

寇公聽完後，很快地說道：

「當初告訴你許仲濤的事，只是舉手之勞，覺得你或許會有興趣而已，卻也沒想到會發展到現在這樣。」

「如果不是寇公的情報，我連許仲濤都不會認識，也不可能查到現在的程度了。」

「你剛才並沒有說出你的想法，我還不知道你的推理是什麼。不過我在想，你懷疑是梁明瀚殺了伍英智，是嗎？」

「我覺得這是可能性之一，雖然只是猜測。而且老實說，目前的線索太雜亂，表面上沒有關聯，卻又似乎不是無關的樣子，我還不知道怎麼推理。」

「無所謂，先把你的猜測說出來。為什麼你會覺得梁明瀚有可能是凶手？」

「梁明瀚有辦法取得鑰匙，而且他見過伍英智。在案發之後沒多久，就無預警地跟簡汶淇分手，現在更是不知去向。這一切都讓他變得很可疑。」

「你並沒有說出最主要的猜測。」

任篤傑不用多說，寇公也知道他在想什麼。

「的確，更重要的是，梁明瀚做了奇怪的夢，表示他很可能得到了心臟捐贈者潘信忠的記憶。」任篤傑說道。

「你的意思是，梁明瀚的個性因為心臟移植而改變，甚至因而變成了具有犯罪性格的人？」寇公問道。

「本來只是猜測，剛才聽完之後，覺得並不是不可能。」

「就算梁明瀚和伍英智見過面，但那次簡汶淇也在場，可以知道那次見面不代表什麼。而且目前無法證明他們兩人在之後有更進一步的聯絡與來往，對吧。」

「對，這點目前尚無法得知，除了見過那次面以外，他們之間的確沒有直接的關聯。在生活或工作上也沒有交集，是彼此完全沒有關係的人，很難想像他們會有來往。」

「的確。」

「而且話說回來，雖然我懷疑梁明瀚是凶手，但就算他真的要殺人，應該也是殺死仇人，也就是繼承徐瑜梅心臟的白筠玲，根本沒有理由去殺伍英智。我自己也很清楚，這種想法其實是有問題的。」任篤傑說道。

「不過現實情況就是，伍英智是被害者，而梁明瀚的一切都很可疑。所以就算覺得不可能，你還是無法不將這兩個人連結在一起。」

「是的，完全沒有證據，目前還只是無法證實的假設而已。」

「先猜測某人是犯人，然後再去找出某人和被害者的關聯，這跟一般的調查是相反的，你應該也很清楚這一點。」

寇公說的沒錯，任篤傑自己也知道這樣的調查有違常理，而且很容易陷入自以為是的陷阱。如果不注意到的話，很可能就會鑽入牛角尖，犯下嚴重的錯誤。

「寇公說的對，我會小心。」

任篤傑回答後，寇公點頭。

「其實我還是很難相信心臟移植會讓個性改變。退一步想好了，就算真有可能改變個性，難道就會從循規蹈矩的人變成犯罪者？有可能會改變這麼多嗎？」

任篤傑在整理自己的想法，並不是在詢問寇公，於是寇公並沒有回答。

「如果真有可能的話，或許是因為繼承了捐贈者的個性吧。在寇公剛才提到的案例裡，每個人都是出現了捐贈者原本的性格，而不是變成另一個完全無關的人。所以雖然我本來只是猜測，但是聽完剛才那些，現在反而覺得並不是不可能。」

「喔？」

寇公沒有繼續回應，於是任篤傑接著說道：

「如果這種現象真的發生，而他移植了殺人犯的心臟，那麼就算變成殺人犯，應該也是合理的吧。」

「就算這個說法合乎邏輯，但也不能把特例當成是通例。全世界有這麼多進行心臟移植的人，絕大多數都沒有發生這種異常現象。所以就算可以說得通，也不表示那就一定會發生。」寇公說道。

任篤傑點頭表示同意。

「對了，還有一件事，你剛才提到了農場。」

「是，聽說是簡安世和白筠玲他們正在進行的火星移民計畫延伸實驗，不過是不是和伍英智有關就不得而知。」

「你應該會懷疑農場是不是真的就像白筠玲說的那樣吧。」

「對。」

任篤傑的確是這麼想，農場實在是太過平凡了，平凡到讓人覺得裡頭必定還有其他內幕，絕不只是單純的農場。

「說到這個，我最近倒是聽過一件事，也跟那個農場有關。」

「喔？寇公也知道。」

「比你知道的多一些。」

寇公微笑說道。

「如果早知道從寇公這裡就能得到消息，那我也不用想辦法從白筠玲那裡套消息了。她可不是個簡單的角色啊。」

「無所謂，反正最後都能得到消息就好。而且這麼一來，你也更可以確定，白筠玲所知道的，比起她說出來的還要更多。」

「說的也是。要從那個女人那裡得到消息，可不是那麼容易的事。」

「就你跟她交手的經驗，你覺得如何？」

「我想農場的真相絕對不是只有這樣而已。只不過究竟和伍英智被殺與梁明瀚失蹤有什麼關係，我還不知道。」

「畢竟表面上的確是看不出來的。」

「話說回來，寇公最近才知道農場計畫的嗎？」

「嗯，因為許仲濤的關係，雖然我通知了你，不過我自己也有點興趣，所以平常在收集情報的時候，也有多注意簡安世和伍英智的事。然後我輾轉透過一些朋友的消息，和一個人見到面，並從他口中聽到一些事。」

「那是什麼人？」

「從農場出來的人。」

「什麼？」

任篤傑非常驚訝，幾乎快叫了出來。

他仍然對寇公的情報收集管道感到不可思議，同時更驚訝於消息竟然是來自於實際去過農場的人。

至少到目前為止，他都還沒想過要去找真正進入農場的人。雖然他覺得農場很可疑，不過暫時都還專注在伍英智與梁明瀚上，並沒有去考慮農場的事。

「這陣子剛好都沒跟你見到面，所以也沒什麼機會提。」

任篤傑想了想，從他知道情報，到伍英智家去等許仲濤，然後一直到今天為止，的確都還沒有跟寇公見過面。

如果見了面的話，他應該就能事先取得農場的情報了。不過都已經過去了，現在再想也沒有用處。

「話說回來，我本來也不知道這個消息具有什麼意義，只是把它當成一個特別的實驗計畫而已，沒有想太多，所以也就沒有特別打電話通知你。不過現在看來，或許並沒有那麼單純。」寇公說道。

「寇公覺得農場和伍英智被殺有關嗎？」

「不，這我不知道。但是白筠玲對你說的，只是農場的表象而已，真正的農場計畫並不是那個樣子。」

「白筠玲騙我嗎？」

「倒不是騙，而是她只說了全部真相的幾分而已，沒有全盤道出。畢竟農場計畫本來就是祕密，他們並不想公諸於世，為了隱藏農場真正的作用，所以特別準備了一個表象，而且必須是足以說服人的說法。」

「我就是被這個說法被搪塞過去了？」

「那本來就是這個說法的用處，他們必然對外都是這麼說的。而且與火星移民計畫有關是真的，自給自足的系統也是真的，祕密計畫是被隱藏在這些真正的計畫之下。所以對他們來說，並不是編出說法來騙你，只是沒有說出全部的事實。他們必然早就料想到會有這種情況發生，所以只是照著劇本演練而已。」

「雖然這麼說，但還是不太舒服。」任篤傑不太高興地說道。

「那也沒辦法，對他們來說，你是不請自來且不受歡迎的人。反過來說，如果白筠玲會滔滔不絕地對你說出農場計畫的真相，那才更值得懷疑，不是嗎？」寇公笑著說。

「那倒是沒錯。」

「我遇到的那個人，他並不只是去農場當農夫，而是負責計畫核心的人員。不然的話，真正的計畫是連那些去到農場工作的人都不知道的。」

「是這樣嗎？」

對於這點，任篤傑倒是有點意外。

「對，如果只是那些去當農夫的人，也只會告訴你同樣的話而已，不可能知道真相。」寇公說道。

「那些人也不知道？他們被利用了嗎？」

「不能這麼說。祕密計畫建立在農場實驗者的所有行為上，透過觀察他們才得以成立。不過計畫本身並不影響他們的認知，他們很清楚自己是在進行自給自足的農場計畫，也知道他們會被監控，所有的行為都是透明的，也都在事前已經溝通過，取得了所有實驗者的同意以後才得以進行。」

「這麼說來，真正的計畫與農場是可以不相關的，是這個意思嗎？」

「沒錯，可以這麼說。是不是農場並不重要，只要能夠建立起條件充分的環境，那就可以執行計畫。」

「那麼真正的農場計畫究竟是什麼？」

「為了預測犯罪，那才是農場計畫真正的目的。」

## 5

寇公繼續說明。

農場計畫之所以會被建立，是為了要預測犯罪。

在這個目的下，是不是農場並不重要，重要的是需要一個封閉且不與外界交流的空間。之所以選擇農場，是因為可以用自給自足的生態系統來做為掩飾，而不是只能使用農場。

他們在農場裡架設了許多可以感測人體的儀器，包括體溫、呼吸、心律、脈搏、血壓、瞳孔變化在內，將多達數百項的生理數據全部記錄下來，以做為行動分析的依據。

那是一個大型的監測設施。

除了個人的房間之外，到處都有監視器與監測儀器，而且幾乎毫無死角。在農場裡活動的人，他們所做的任何事情，所有的一舉一動，都在管理中心的監控當中。

唯一有隱私的地方，只有自己的房間，在房間裡沒有任何儀器。像是廁所與浴室之類必須保有隱私的地方，都只在每個人的房間裡，而不在公共區域。

只要出了房間，就是完全的監視與記錄。

農場以電腦系統來進行分析，將每個人的行為與身體狀態的變化來做比對，試圖以這些龐大的數據，建立起一套預測犯罪的模型。

如果最終他們能夠預測犯罪，那麼也就可以事先預防並消除犯罪了。

這就是農場計畫真正的樣貌。

而進入農場的人，也都很清楚自己會在個人房間以外的地方被完全監視。他們從一開始就被告知，在同意之後才得以進入農場。而想要離開當然也可以，但卻必須保證不得在外提到與農場計畫相關的事。

當然這些人只知道被監視，卻不知道所有儀器取得的資料，最終都是用來建立預測犯罪的系統。

也就是說，他們所知道的並不比任篤傑多。除了知道他們會被監視之外，其他的都和任篤傑一樣，以為就是去農場工作的。

而能夠知道完整計畫的，只有研究團隊的成員，包括簡安世與白筠玲這些少數人，還有農場裡監測中心裡的人員而已。

因此寇公能夠知道這件事，其實是相當幸運的。他因為幫那個人解決問題，所以才得以換來這麼機密的情報。

不過那個人也強調，計畫內容本身並沒有違法，他們之所以不想公開，只是不希望受到外界的干擾而已。

雖然寇公並不是以農場計畫做為目的，不過他卻也覺得知道了並沒有什麼壞處，而且說不定哪天會派上用場。

倒是沒想到隨著任篤傑逐漸深入伍英智被殺的事件，農場計畫也因而浮上檯面。儘管他所知道的自給自足計畫只是最表層的事實而已，但至少他能夠知道有這件事，這已經算是不錯的進展了。因為當初連警方都被白筠玲他們給唬弄過去，這次任篤傑的調查能夠取得這項情報，很有可能會是邁向真相的重要一步。

而且由於白筠玲所說的就只有表象而已，更代表其中必有蹊蹺，絕對不是完全無關。任篤傑發現，所有的線索似乎開始可以逐漸湊攏了。

他一直沒有去思考伍英智失蹤時去了哪裡，雖然他曾對火星移民計畫存疑，但卻也很清楚伍英智不可能是因為加入移民計畫才失蹤。

另外白筠玲則是一直都表現出相當坦然的態度，任篤傑雖然不完全相信她的話，卻不知道究竟哪些部分是謊言，也因而無從拆穿起。

但在寇公的說明下，他知道為什麼了。關於農場計畫，白筠玲說的都是事實，她只是沒有全部說出來而已，當然就無法從中找出破綻。

而且白筠玲說她會打電話給伍英智，是為了要問簡安世失蹤的事。這等於隱含了一個前提，就是他們彼此並不認識，也沒有其他關係。這也代表伍英智不可能跟農場計畫有關，因此任篤傑一直沒有去思考這個可能性。

如果不是寇公有機會取得農場計畫的真相，並且對他說明，那麼或許他就一直這麼被蒙在鼓裡，找出真相的可能性就更低了。

這兩項事實一直都擺在他的眼前，而且非常明顯，但他卻沒有將它們結合在一起，這讓任篤傑覺得顏面盡失。

伍英智在失蹤期間正是去了農場，這是最合理的解釋了。

至於伍英智後來會從農場離開，一定是因為在裡頭發生了一些事，而且必須加以隱瞞，才會使得他用失憶來做為藉口，以免被其他人詢問。

對了，關於失憶，目前可能還無法下定論，不能排除他真的因為發生事故而失憶，這倒是還不清楚。雖然失憶的可能性相對較低，不過還不能完全否定。

任篤傑將這些推論告訴寇公，而寇公微笑著點頭表示認同。

既然已經知道了這些，那麼他也能夠決定下一步該怎麼走了。

伍英智是不是真的去了農場，只有白筠玲知道。既然如此，那麼直接去找她，是最快的方式了。目前他手上已經握有農場計畫真相的這張王牌，白筠玲不可能忽視，一定會說出一些線索才對。

不過雖然聽了寇公的話，但他對農場計畫仍然是存疑的。

原因很簡單，如果農場只是為了預防犯罪，而在經過所有人的同意後取得他們的身體數據，那麼會是很合理的科學實驗，並不是無論如何都要隱瞞的真相。就像從農場裡出來的那個人說的，不公開只是不希望受到干擾，並不是因為計畫內容不合法。

任篤傑從白筠玲的態度所感受到的並非如此，他總覺得其中應該還有祕密存在。

農場不只是自給自足的生態系統，也不只是預防犯罪的科學實驗場所，一定還有其他真相在裡頭。

星期四早上，任篤傑來到位在台北市東區的這間醫院。醫院裡有附設護理之家，提供需長期照護的病患在此接受護理服務。

他每週都會找時間過來看看，因為他的妹妹住在這裡。雖然為了工作，他沒有辦法太常過來，不過總是會儘量抽出時間，每週至少會來一天。

妹妹仍然躺在病床上，沒有任何動作。

她曾經遭逢意外，動了大手術，最後雖然從鬼門關前救了回來，但是因為腦部創傷嚴重，而成為植物人狀態。

她只能躺在床上，等待奇蹟似的甦醒。

任篤傑來到這裡，其實什麼都不能做，除了在病床旁看望著她，看看狀況是否依舊之外，一點辦法都沒有。

已經過了多少時間了呢，他心想。

他回想事情發生的年份，才發現原來已經三年了，時間過得還真快。

任篤傑有一個年紀跟他相差十歲的妹妹。他們的父母在他剛當上警察時就接連因病過世，他們兩人從此相依為命。因為父母親沒有留下什麼遺產，兩人的家用與妹妹就學的費用都是由他來支付。雖然家境不好，不過兩人卻也是過得相當平安。

只是意外總是突然到來，破壞了他們安穩的生活。

有一天晚上，在他妹妹騎著腳踏車，要從捷運站回家時，遇到了車禍。她被一輛轎車撞上，整個人因為強烈的撞擊而飛到數公尺遠的地方。

雖然是嚴重的車禍，但是對方卻肇事逃逸，而且由於沒有目擊者，也沒有監視器，結果無法找到人。

妹妹並沒有立即死亡，但是傷勢卻非常嚴重，處於隨時可能喪命的狀態。

由於車禍的撞擊聲相當大，所以旁邊有人立刻出來看，也因此打電話叫了救護車。救護車很快地趕到，將妹妹送往醫院急救。

手術成功了，她從鬼門關前撿回一命，但儘管如此，妹妹卻再也無法清醒過來，從此陷入植物人的狀態。

任篤傑是警察，他的人脈早已經在多年的執勤過程中建立起來。他動用各種關係，想要找到肇事者，但卻一直徒勞無功。

而妹妹在病情穩定之後，也轉入醫院附設的護理之家，由專職長期照護的護理人員來照顧。只是住院費用從此變成固定的開銷，雖然為了妹妹的生命，他並沒有怨言，但是費用卻也讓他開始感到頭疼。

當警察的薪水，是不夠支付的。

更何況就像其他人一樣，妹妹不知何時才會醒來，除了等待別無他法。而只要一天不醒，他就必須不斷支付住院的費用。

因此，他決定辭職，去做其他可以賺到更多錢的事。他已經當警察當了十多年了，雖然他也不認為會一直做到退休，不過因為這起意外而辭職，卻也不是他所能夠預期的。

另一方面，他也還沒有放棄要找到肇事者，如果不當警察的話，可以更加自由行動，說不定會有意外的進展。

從此，他的工作就從警察變成了專門在買賣情報。他原本就有不少人脈，從中取得消息，對他來說不是件困難的事。有時他也會去做一些調查工作，一方面賺點錢，另一方面也看看是否有機會可以取得肇事者的線索。

這就是任篤傑為什麼辭去警察工作的原因。

他站在病床旁，看著妹妹的臉。表情還是一如往常的平靜。

從他得知心臟移植會繼承記憶，甚至改變個性時，他對這起案件的動機，就已經變得和原本不同了。

原本他只是為了獲取一些情報，才會開始調查這起事件。他不是警察，不是負責偵辦這個案件的刑警，並沒有解決事件的動機。他原本所想的，就只是儘量取得一些消息，然後轉交給刑警朋友，並從中賺一些佣金。

當然得知許仲濤的過去以後，又更推了他一把。同樣都是車禍的受害者，他感到同情，也想知道許仲濤發生了什麼事。

本來的動機只是如此，但是現在已經不同了。

心臟移植真的會導致這種奇妙的現象嗎？眼前就有實際的例子，如果他想弄清楚現象是否為真，他就不能放過這個事件。

任篤傑看著妹妹，心中再次立下決定。

下午，任篤傑來到南港，白筠玲的公司。

這次跟上次不同，他已經取得了白筠玲的行動電話，所以在來之前就已經先取得聯絡，也約好時間。

到了以後，他打電話給白筠玲，說自己已經在一樓。任篤傑並沒有等多久，就看到白筠玲從電梯走了出來，然後將他帶領到和上次不同的另一間會議室。

等兩人都坐定後，任篤傑單刀直入，直接說道：

「白小姐，我調查到一些事情，發現和妳上次說的不太一樣，想聽聽妳的意見。」

「請說。」

白筠玲微微皺眉，不過她也只有這麼回答而已。

「關於妳上次提到過的農場計畫，我剛好昨天也聽朋友提到這件事，但是計畫內容聽起來好像有些出入的樣子，所以想再來詢問詳情。」

「有什麼問題嗎？」

「其實真正的農場，並不只是像妳所說的那樣吧。」

「就只是那樣。」

「妳並沒有說到農場裡會有監視器。」

「監視器？那不是到處都有嗎？馬路上，商店裡，什麼地方沒有。對了，現在這裡也有，你可以抬頭看個清楚。不只是在大樓內，甚至在你走進大門之前，就已經被監視器完完整整地拍下來了。」

「話是這麼說沒錯，不過我的心跳和體溫可不在監視的範圍內吧。」

「敝公司的監視器倒是沒有設置這種類型的，也沒有必要。」白筠玲沒有什麼反應，還是淡淡地說道。

「白小姐，妳很清楚我在說什麼，就不要再演了。我知道農場計畫的真正目的是在預防犯罪，自給自足只是表象。妳沒有說謊，不過也沒有全說。」

白筠玲沒有立刻接話，而是先盯著任篤傑，過了一陣子以後才說道：

「你是從什麼管道聽說這件事的？我對這點比較好奇。」

「洩漏出去對你們的計畫會有影響嗎？」

「我們並不想引人注目，不管是什麼樣的計畫都不希望公開。」

「是因為不合法嗎？」

任篤傑很清楚這個問題的答案，不過他還是故意這麼說，想看看白筠玲的反應。

「計畫在進行時會取得所有人的同意，並沒有不能公開的內幕，也沒有非法的行為，純粹只是不想被外界干擾而已。」

「觀察白老鼠的確不算是非法。」

「白老鼠可不會簽下同意書，如果你想看的話，我可以破例將一些同意書給你看。」

白筠玲的反擊相當犀利。

「這麼說來，妳承認我說的話是對的嗎？」

「我想問的是，你打算從我這裡聽到什麼。」

白筠玲仍然沒有正面回答，任篤傑不清楚她的打算，不過決定不予理會。

「伍英智失蹤的六個月，是不是去了農場？」

任篤傑終於問出了這個問題。

白筠玲沒有立刻回答，似乎在盤算什麼。既然如此，任篤傑也就沒有插嘴，只是等她開口。

「沒錯，他是去了農場。」

「是簡安世找他去的嗎？」

伍英智會跟農場扯上關係，唯一的聯結只有簡安世而已，看來並沒有其他管道，所以這是最合理的推論。

「對，教授找他來的。」

「為什麼？」

「伍英智想換個地方生活，在很偶然的機會裡遇到教授，並且聊到這點。於是教授問他要不要來農場工作，就這麼簡單。」
「你們沒有告訴伍英智關於農場的真正計畫？」
「當然，他只是一名實驗對象，就算是教授找進來的也一樣。他就和其他人一樣，不會知道沒有必要知道的事。」
這很合理，伍英智不太可能得到特別的待遇。
「他會知道火星移民計畫，是簡安世告訴他的嗎？」
「大概吧，教授是有可能會提到。」
「那他為什麼要離開？」
「他跟一些人發生衝突，後來變得沒辦法解決，於是只好讓他離開。」
「是什麼衝突？」
「就是彼此看不順眼，老是在爭吵。不是什麼大不了的問題，但是湊在一起就是會鬧得不可開交。」
「你們威脅他不能說出來嗎？」
「不是威脅，但為了農場計畫的隱密性，我們的確要求他不能說出來。」
「他甚至因此而失憶？」
「他在說謊，大概只是為了自己方便解釋，才編出了這種藉口吧，並不是我們要求他那麼說的。」
「不是你們讓他失憶的？」

「我們並沒有那種技術，應該說目前全世界的科技都沒有辦法消除特定的記憶，當然不可能做到。」

任篤傑得到了想要的情報，並證實了他的假設，是非常重要的一步。

而在農場計畫之外，還有一件事，就是心臟移植了。

「妳認識梁明瀚嗎？」

「你很喜歡立刻就拋出一個人名呢，上次也是，是在觀察我的反應嗎？」

「這個人跟妳的關係可說近但也可說遠，非常微妙，所以我在想說不定妳會認識他。」

「我沒聽過這個名字。」

「妳曾經做過心臟移植，對吧。」

「何必明知故問，我又不可能否認。」

「那妳知道妳的心臟捐贈者是誰嗎？」

「怎麼可能知道。」

「既然如此，那麼或許妳會對他們發生了什麼事有興趣。」

「他們？我只移植了一個心臟。」

聽起來像是在開玩笑，不過任篤傑不知道白筠玲是不是真的這麼想，反而不知道該做出什麼反應。

任篤傑簡單說明了潘信忠與徐瑜梅的事件，徐瑜梅的心臟捐贈給白筠玲，而簡汶淇的男友梁明瀚，正是潘信忠心臟的移植者。

「喔？這麼巧，我沒有聽教授提起過。」

「那妳也不認識簡汶淇？」

「不認識。你應該從她那邊就知道了吧。」

白筠玲神情冷淡地說道。

「從各種跡象來判斷，他都應該會來找妳。所以如果妳真的見過他，希望妳能夠說出來。」

「沒有見過。」

「如果妳不願意說，那我只好去調查了。假設他是到公司來找妳的，那麼應該會留下記錄。就算半年前的監視器影像已經不存在了，仍然有可能在訪客名簿上留有記錄，甚至櫃檯小姐也有可能記得，不是那麼難查的。」

「半年前的記憶並不準確。」

「那是一種可能性，如果妳不回答，我也只好這麼做了。這起事件牽涉到伍英智的死亡，以及簡安世、梁明瀚和許仲濤的失蹤，我不可能就這樣只帶著推測，卻毫無成果地結束這個案件。如果妳不願意配合，那我只能動用調查的職權，到時可就不是妳一個人說出真相就能解決的問題了。」

「任先生，你推理不出真相，就只好來威脅我了嗎？」

「妳覺得這是威脅？不，這是對你們傷害最小的方案。如果可以不用鬧大就能解決的話，那絕對是最理想的。」

「警察的搜查過程就是這樣嗎？威脅？恐嚇？」

「不行嗎？」
「當然不行。」
「妳想像中的警察搜查是什麼樣子？電視上演的那樣？還是警察職權行使法上寫的那樣？」
白筠玲瞪著任篤傑，沒有回答。
「抱歉，理想世界中的情景，跟現場的人沒有關係。只要能把案子辦完，我什麼事都會做。要透露案情，要花錢賄賂，怎麼樣都行。這樣有回答到妳的問題嗎？」
雖然任篤傑已經不是警察，但他所說的，卻是他還在現役時真正的想法，並不是謊話。
「我了解了。」
「如果方便的話，請妳說出是不是見過梁明瀚。我想就算跟伍英智被殺無關，不，一定是無關的，因為你們同為心臟移植的移植者，也只有這層關係而已。所以我想你們應該只是商量一些事情，沒有什麼不方便說的才對。」
「你實在很狡猾，你以為揮完鞭子之後，這樣就算是給糖果了嗎？好吧，我是見過這個人。他聽簡汶淇說我也做過心臟移植，所以來找我談事情，就這樣而已。」
「你們談了什麼？」
「他來問我是不是也發生了同樣的現象。」
「惡夢？」
「你知道這件事？」
「聽簡汶淇說過。」

「那我就不用多解釋了。」

「那妳呢？是不是也做了惡夢？」

白筠玲並沒有立刻回答，過了一陣子才說道：

「雖然這是我的隱私，不過算了，不說出來大概也沒辦法把你打發走。我的確也做過惡夢，就跟梁明瀚一樣。」

「妳夢到了殺人的經過？」

「正確的說，是殺人之後被殺。」

「對梁明瀚來說，應該也是一樣的，畢竟那是個特殊的事件。」

「我們都覺得很驚訝，但也就只是這樣而已。」

「然後呢？」

「沒有然後，因為我和他本來就不認識，並沒有任何恩怨。心臟的前任主人之間發生的事，跟我們一點關係都沒有。」

「那起事件是梁明瀚告訴妳的嗎？」

「因為惡夢的關係，我一直覺得很困擾，最後決定去委託調查，所以早就知道捐贈者的事。就算他不用特別說明，我也很清楚。在談完之後他就離開了，然後我也沒有再見過他。」

「他有提過伍英智的事嗎？」

「為什麼這麼問？」

「我聽簡汶淇說過，梁明瀚曾經跟她一起去見過伍英智，而因為妳跟伍英智也認識，所以我想你們見面時，或許他會提起。」
「不，我沒有聽說。」
「妳跟他見面是在什麼時候？」
「我不確定正確的日期，不過應該是在三月。」
「梁明瀚有沒有可能在來見妳之前去找過伍英智？」
「我不知道，就算他真的去見過，也沒有理由告訴我。」
「那倒很難說。」
「為什麼？」
「因為他知道伍英智和簡安世認識，而妳既是簡安世的學生，那麼他或許會為了拉關係而拿出來講。」
「就算梁明瀚真的去見了伍英智，那也不代表什麼。難道你懷疑伍英智是梁明瀚殺的？」
「我有考慮過這種可能性。」
「他們兩人之間有什麼深仇大恨嗎？為什麼要殺人？」
白筠玲說的沒錯，這也是任篤傑百思不得其解之處。
梁明瀚和白筠玲之間有著心臟移植的關係，但他和伍英智卻沒有任何關係，並沒有殺害伍英智的動機。
難道任篤傑的追查方向是錯的？梁明瀚根本就不是殺害伍英智的人？

儘管梁明瀚的行動相當異常，但任篤傑必須要先查出他們之間的關聯才行，否則就無法將焦點鎖定在梁明瀚身上了。

結束了與白筠玲的談話之後，任篤傑打電話給趙正航。

由於趙正航今天沒辦法抽出時間，於是約好在第二天下午見面。

星期五下午五點，任篤傑開車到桃園去。

他們約在趙正航的公司見面。

任篤傑早就應該要來找趙正航，只是因為之前的調查過程環環相扣，一直到今天才想到該去找趙正航。

他不知道能夠從趙正航這裡得到什麼消息，因為趙正航很有可能早在之前就已經全部對警方說過了，不見得會有新消息。

但趙正航是伍英智唯一交情比較好的朋友，而且接到白筠玲電話的人也是他，所以當面聽他的說法，說不定能夠讓他想起一些事。雖然已經過了半年，照常理來說是記憶會變淡，但也難保不會有新的線索。

他們見到面後，任篤傑先說明許仲濤就是曾經在一個月前打電話給趙正航的人。趙正航很快就想了起來，因為最近詢問伍英智事情的人，也只有許仲濤而已。

然後任篤傑表示自己認識許仲濤，而後者目前下落不明。由於許仲濤是在詢問完伍英智的事件之後就失蹤，很有可能和伍英智有關，所以任篤傑先詢問他們在電話裡談了些什麼。

從趙正航所轉述的談話內容，看來全部都是已知的事實，並沒有提到新的線索。然後任篤傑又再詢問趙正航，關於他接到白筠玲電話的經過。

趙正航的反應在意料之中，他說之前都已經告訴警方了，甚至還對許仲濤說了一次，不過任篤傑仍然表示希望他能再說一次。

趙正航沒有辦法，勉為其難地答應了。

趙正航和伍英智是多年的朋友，他住在桃園，工作也在桃園，平常很少來台北，不過來的時候通常都會找伍英智吃飯。

他會發現伍英智失蹤，是因為有一次要找他時，電話沒人接聽。而去到他的住處，也發現信箱中的信件都沒處理，家裡也沒人在。然後他去龐畢奇問了其他人，才發現伍英智已經一陣子沒出現了。

而伍英智回來以後，也沒有通知趙正航，所以趙正航本來並不知情。是後來有一次趙正航來台北時，習慣性地到了他們以前常去吃飯的餐館，卻沒想到竟然遇到伍英智也在那裡，自己一個人吃著飯。

趙正航非常驚訝，連忙上前，詢問伍英智這段時間的經歷。不過就像對別人一樣，伍英智也表示他失去記憶，結果什麼都沒說。趙正航問不出個所以然，但也沒辦法。他只能跟伍英智確定電話還是跟以前一樣，方便日後聯絡。

後來就像失蹤前一樣，兩人也是會一起吃飯。只是有一次，趙正航跟他老婆吵架，一氣之下開車出門，開著開著就到了台北，於是他就臨時打電話找伍英智出來。

他們在伍英智住處附近的餐館喝酒，大聲發牢騷抱怨。

趙正航後來送伍英智回到家裡，本來已經要走了，但是他自己卻也在猶豫到底該不該回桃園。畢竟他還在和老婆吵架，氣也還沒消，根本不想回去。那時，伍英智的酒也稍微醒了，就問他要不要乾脆在那裡住幾天，冷靜一點再回家，趙正航也就同意了。於是他就在伍英智家的沙發上睡了下來。

趙正航在伍英智家裡住了差不多一個星期，後來覺得實在有點不好意思了，而且總不能一直跟老婆冷戰下去，所以他也就回家了。其實伍英智並沒有要趕他的意思，事實上伍英智和以前不同，一副了無生趣，對什麼都不在乎的樣子，所以就算家裡多了一個人，他也無所謂。對他來說，好像根本就沒有差別。

過了幾天，趙正航想起有件衣服忘了拿，所以便到伍英智的住處來找他。當他們在聊天的時候，電話響起，趙正航接了起來，是女子的聲音。

雖然是伍英智家中的電話，照理來說是輪不到趙正航來接，不過那時剛好趙正航離電話比較近，而且其實伍英智沒什麼朋友會打電話來，通常都是一些市調或詐騙電話，所以伍英智也不在乎是誰去接。因為趙正航比較近，所以伍英智也就示意趙正航去接聽。

女子表示要找伍英智，於是趙正航叫了伍英智來接。伍英智慢慢走了過來，接起電話。在伍英智回應以後，可能是聽到了女子說的話，表情變得有些不太一樣。然後他對趙正航說，這是私事，希望趙正航能夠暫時離開一下。

趙正航不以為忤，他本來就不想聽別人的電話，所以答應後便走出大門。

只是在他剛要關上大門時，伍英智就已經開始說話了，而趙正航很剛好地聽到了他的話中出現「簡」這個字。

他本來並不能確定是不是簡的同音字，不過既然伍英智是死在簡安世家中，那應該是八九不離十的了。

之後警方得知這條線索，推斷打電話的女子應該是和簡安世有關，也很快就找到了白筠玲。白筠玲也承認自己打電話給伍英智，目的是要詢問簡安世的消息。

不過就算趙正航沒有聽到，只要調出通聯記錄，也能夠知道是白筠玲打的。

因為提到了白筠玲，任篤傑想到，白筠玲說過伍英智是因為在農場裡引發了風波，所以才會離開。他覺得或許可以問問看趙正航這件事。

「伍英智沒有告訴過你任何有關失蹤期間的事嗎？」

「他說他失去記憶了，根本不記得去哪裡。」

「你相信嗎？」

「我不知道，他都這麼說了，我也不能繼續追問。」

「伍英智突然離開又突然出現，所以我在想，也許是因為他在某個地方惹出大事，待不下去了，所以才回來的。」

「咦？你怎麼會這麼想？」

趙正航顯得相當驚訝的樣子。

「只是亂猜的。倒是你，是不是想起什麼事了？因為感覺上好像有點驚慌的樣子。」

「不……」

趙正航欲言又止，但是眼神遊移，似乎在猶豫不決的樣子。

「我知道伍英智被殺和你沒有關係，你的不在場證明應該非常充分吧，從客觀的角度來看，你不會是凶手，所以警方也沒有找上你。所以如果你想起什麼了，就請你直說吧，不會有事的。我也保證不會給你添麻煩，請放心。」

不知道是不是任篤傑的話奏效了，趙正航不再閉口，他說了出來。

「我並不是想要隱瞞，只是警方一開始來找我的時候，我並沒有記起來。之後雖然回想起來了，但只是一句醉話，我不知道該不該當真。而且畢竟事關重大，不是可以開玩笑的事，說出來就好像是在侮辱往生者一樣，覺得不太好。」

任篤傑不想理會他的藉口，只是催促著他快說出來。

原來在趙正航跟他老婆吵架，負氣到台北來找伍英智喝酒的那天，他曾經聽伍英智說了一件事。

由於內容相當驚人，讓他的印象非常深刻。

他不知道伍英智說的是真話還是醉話，後來沒有再提起，所以他聽過也就算了，沒有再深入追究。而且他也認為，就算追問，伍英智也不可能會說的。

所以他就只有聽過那麼一次而已，之後也沒有機會再做確認。

當天的情況，是因為趙正航心情不好，所以多灌了幾杯酒，而伍英智看他這樣，也就陪著多喝了點。就因為這陰錯陽差的情況，伍英智說出了讓趙正航不敢置信的事。

他喝酒喝到趴在桌上，整個人癱軟，像是已經失去意識一樣。不過那時他還醒著，並說了一句話，聲音雖然含混但還算清楚。

伍英智說，他殺了人。

## 6

任篤傑非常驚訝，他沒有想到竟然會從趙正航這裡得到這個消息。

趙正航繼續說道：

「聽到他說殺了人，我也吃了一驚。我連忙追問，問他去了什麼地方，殺了什麼人，但他都沒回答，之後也什麼都沒說。不知道他是不是後悔說了出來，我雖然有再繼續問，但是他就只是一直喝酒，什麼話都不說。可能他早就已經喝到神志不清了吧，說不定根本也不記得說過。我沒辦法，也就只能這樣了。」

任篤傑認為，這個消息具有相當重大的意義。

綜合白筠玲和趙正航的說法，那麼伍英智在農場裡所引起的大事，就是他殺了人，因此才被趕了出來。只是雖然殺人，卻不知他是否有受到懲罰，或者只是被趕出農場而已。不過無論如何，最終他仍然能夠回到原本的生活，而且若不是因為喝醉，他很可能永遠不會提到任何失蹤期間的事。

另外還有一點，雖然他宣稱自己失去記憶，不過看來這是謊言，他只是故意裝成失憶的樣子。白筠玲說的是對的，伍英智是為了自己的方便才編出這個藉口。

伍英智甚至假裝失憶都要隱瞞這件事，那必然表示他不想被別人知道這件事。這是理所當然的，殺人犯當然會想盡力掩飾。

如果伍英智曾經殺過人，如果這是導致他被殺害的原因，那麼很多事情就可以解釋得通了。

看來動機終於出現了。

任篤傑覺得，他找到了非常重要的一條線索。

向趙正航道謝後，任篤傑開車返回台北。

下班時間，高速公路上的車流量不小，不過並沒有塞車，還能維持一定的速度。

他從儀表板上看了現在的時間，晚上八點。

時間還早，他想去龐畢奇坐坐，所以驅車就往大直而去。

不過今天有開車，那就不能喝酒了。他一面想著這些無關緊要的事，一面開車。到了大直以後，在附近找了個停車位。

倒是沒想到下班以後的時間，路邊的停車位還滿好找的。

任篤傑將車停好，走到龐畢奇。

走進店內，他很快地發現了寇公，就坐在上次的位子，或許是很中意那個地方吧。

任篤傑只是想來這裡坐坐，不過既然寇公也在，剛好可以討論他所得到的線索，說不定能夠借助寇公的智慧來得到一些進展。

不過他沒想到的是，李常德就坐在寇公的對面，兩人拿起酒杯正要喝酒。

任篤傑剛好也有話要問李常德，這一來倒是得來全不費功夫。他會來這裡也只是臨時起意，本來並不期望會在今天遇見，既然現在能夠巧遇，他也就不用再另外找時間了。

任篤傑對李常德產生疑惑，是因為許仲濤的關係。

從時間順序看來，許仲濤去伍英智家的那天是星期六，而他晚上就來到龐畢奇。然後許仲濤和李常德在這裡也見到面。

兩人都是常客，也經由老闆的介紹而認識，一起喝酒是很正常的事。但是不知為何，根據老闆的說法，他們兩人曾經走出龐畢奇，應該是到外面的人行道抽菸。

店內禁菸，所以想抽菸的話也只能到外頭，這是很常見的情況。

但是任篤傑卻想到，如果他們並不是真的要抽菸，而只是不希望談話的內容被其他人聽見，所以才特地走到店外的話呢？

老闆只記得許仲濤連續來了兩天，並沒有說明他們兩人走出店外是在哪一天。不過寇公沒有提到這件事，所以很可能並不是在星期五，而是星期六。而且星期六下午在伍英智家裡時，許仲濤已經知道前一天的談話被別人聽到，所以或許因此而有所警覺。

另外，在過完週末之後的星期一，許仲濤就提出離職。

這個時機實在太過巧合，雖然不清楚許仲濤在星期日時是否發生了什麼事，但是至少星期六晚上在龐畢奇時，他與李常德的行為看來並不正常，似乎另有隱情，任篤傑認為不能放過這個線索。

所以與其說是要找出李常德的可疑之處，倒不如說在這種情況下，不懷疑李常德反而是說不過去的。

雖然任篤傑今天過來並不是要討論案情，不過既然李常德和寇公正好一起喝酒，那倒是非常剛好的時機。

而且寇公也在，他能夠讓周圍的人感到安心，李常德說不定會因此放下戒心，那或許更能套出什麼話來。

來得早不如來得巧，現在正是時候。

任篤傑走到旁邊，跟兩人打了招呼。由於他們是面對面坐著，於是任篤傑就在兩人旁邊的位子坐了下來。

「你還在查那個案子嗎？」寇公問道。

「對。」任篤傑點頭。

「有什麼進展嗎？」

「白筠玲終於承認跟梁明瀚見過面了，她本來並不想說，不過我還是用了一些小手段向她施壓。」

「喔？」寇公很清楚任篤傑會假扮警察，看來他不想說破，所以沒有多說什麼。

「她對我一直都很警戒，只好出此下策。」

「我剛剛才知道原來你不是警察。在你來之前，和寇先生聊到曾經跟你見過面，聽他說你過去是警察，已經辭職好幾年了。」李常德說道。
「咦？你們剛才有聊到我？」任篤傑問道。
「哈哈哈，是啊。」寇公笑著說。
「老實說，像我們這種老百姓，還是不想跟警察扯上關係的，怕惹禍上身嘛，所以說話時也會很小心。」
聽李常德這麼說，任篤傑大笑。
「十多年來的習慣，到現在還是改不掉，畢竟警察身分還是很好用的，而且我也不算是完全說謊，只是少說了『前任』而已。」
「你還是小心一點為妙。」寇公說道。
「寇公放心，我會有分寸的，而且有很多朋友還在當差，不會有問題。不過話說回來，你們怎麼會認識？」任篤傑問道。
「因為我剛才跟老闆聊天的時候，他說寇先生跟你在這裡見過面，聊得很熱絡的樣子。我覺得也算是有緣，而且寇先生剛好是一個人，就冒昧過來打聲招呼。」李常德回答。
「原來是這樣。」
「不過如果你不是警察，那就沒有理由調查這件事吧。還是另外有人委託你調查？」李常德問道。
「我只是好奇而已。」

任篤傑隨口搪塞，並不打算回答李常德的問題。

「你現在有什麼想法？」寇公問道。

「我現在覺得白筠玲很可疑。」任篤傑說道。

「白筠玲？為什麼這麼想？」

「因為在所有接觸到的人當中，就只有她是隱藏了最多事情的人。伍英智去過農場，卻原因不明地回來，中間一定有問題。」

「不然是不會被趕出來的。」

「是的。其中的原因，白筠玲必然知情，但她卻只是隨便打發敷衍過去，理由聽來合理但是不夠充分。而且簡安世都已經失蹤好一段時間了，白筠玲才打電話給伍英智去問這件事，這實在說不通。」

「這倒是沒錯，如果簡安世在一月時就已經失蹤，到三月才打電話給伍英智詢問，的確是很奇怪的事。」寇公說道。

「所以我覺得她的嫌疑重大，再加上她現在已經承認跟梁明瀚見過面，這點更讓我覺得很可疑。」

「可是伍英智被殺時，她在美國吧？不可能是她直接下手的。」

「的確如此，人在國外，這是最堅固的不在場證明了，但反過來說，就因為太過明確，也更顯得可疑。」任篤傑說道。

「你懷疑她指使別人殺死伍英智，為了製造不在場證明而特地出國？」

「寇公果然厲害，我就是這麼想的。而且現成正好有一個非常適合的人選，就是失蹤的梁明瀚。或許是梁明瀚在見過白筠玲之後，被她教唆而去殺人。」

「原來如此。有確切的證據嗎？」

「沒有，我還在調查。她的口風很緊，不肯全盤托出。」

任篤傑說完後，看向李常德。

「對了，我有問題想要問你。如果有些事本來不方便說出來，現在應該可以說了吧。」任篤傑問道。

「喔？」

「我想問的是，你是從哪裡得知伍英智的事？」

「聽朋友說的。」

「不過你知道的很詳細，所以在想是為什麼。」

「哈哈哈，雖然你已經不是警察，不過也的確是很敏銳啊。」

「過獎了。」

「很簡單，因為我認識梁明瀚。」李常德說道。

任篤傑相當驚訝，這倒是他沒想到的發展。

「不過我並不知道是不是他殺的，後來也聯絡不上，不知道現在怎麼了。」

「你們是什麼關係？」

「我們是大學同學，在學校的時候交情就很好，畢業後一直都有聯絡，也常常像這樣出來吃飯。」

「他來過這裡嗎？」

「那倒是沒有。」

如果李常德和梁明瀚認識，那任篤傑就想到一個問題了。

「他為什麼要告訴你伍英智被殺的事件？」任篤傑問道。

「因為死在他女友的爸爸家裡啊，很誇張吧，誰想得到會遇到這種事，一輩子都不會有一次。」李常德回答。

說的也是，這種事可不是那麼容易遇到的，會跟好友提起是可以理解的。不過如果梁明瀚會主動開口，難道表示他並不是凶手，所以才能夠毫不顧忌地說出來？

「除了伍英智死亡的事件以外，他還說了什麼嗎？」

「喔，對了，他去見過伍英智，就在伍英智被殺之前不久。」

「咦？真的嗎？」

「是啊。」

「不是二月時和簡汶淇一起去，而是在伍英智被殺之前自己去過？」

「他是這麼說的。」

此時，寇公提出了問題：

「梁明瀚去見伍英智的理由是什麼？他有說明嗎？」

「既然梁明瀚提起了這件事，應該也會說明原因吧？不然無緣無故提起這點，好像不太合理。」任篤傑望向李常德，問道。

「是因為後來得知伍英智曾經失蹤過的關係。」

「梁明瀚知道這件事？」

「後來才發現的，詳細情形我就不清楚了。二月時還不知情，所以那時沒有問伍英智。但是知道以後，他懷疑是不是和簡安世有關，所以就自己去找伍英智問了。」

「他沒有找簡汶淇一起？」

「也許他認為不適合吧，說不定會聽到不好的消息。」

「那梁明瀚有從伍英智那裡聽到什麼嗎？」

「不，伍英智堅持失憶，什麼都不知道。」

「原來如此。話說回來，你提起這點，解決了我一個很大的疑惑。」

「什麼意思？」李常德問道。

「我一直在想，梁明瀚究竟有沒有見過伍英智。他曾經跟簡汶淇一起去找過，所以知道伍英智認識簡安世，這一點已經確定了。不過那是在伍英智被殺一個月前的事，不見得能夠和他被殺連結起來。

「但如果梁明瀚在三月的時候見過伍英智，再加上他也在那時去找過白筠玲，時間相近，或許表示他們與凶殺案是有關聯的。」任篤傑說道。

「不過我跟梁明瀚認識很久了，我並不認為他是凶手。」

「是嗎？」

「你真的認為是梁明瀚殺了伍英智嗎？」李常德問道。

「我有在考慮這個可能性，只是問題在於他並沒有動機。」任篤傑回答。

「沒有動機不正是最能夠證明他是清白的嗎？既然如此，為什麼你還是會認為他有可能是凶手？」

「他有機會進入簡安世的家中，而且他移植了殺人犯的心臟，又做過惡夢，似乎繼承了殺人犯的人格，難保他不會繼續殺人。」

「咦？」

李常德的表情看來相當意外。

「這麼說來，其實你並沒有真正可靠的根據啊。」

「沒錯，那只是我最初的想法，不是確切的證據。而現在我覺得可能性更高的，是梁明瀚被白筠玲指使而殺人。因為伍英智從農場被趕出來，白筠玲必然知道其中的原因，或許他們之間是有些過節的。」

「從這個角度來看的話算是合理。」

「假設伍英智被趕出農場的原因非常嚴重，那麼或許白筠玲仍然懷恨在心，想要制裁他，因而指使梁明瀚去殺人。如果這個想法是正確的，那就能夠解釋梁明瀚為什麼沒有動機了。一個沒有動機，一個有不在場證明，兩個人都不可能是凶手，但是聯手合作的話反而會成為最好的組合。」任篤傑說道。

「原來如此，你說的還滿有道理的。」

「當然目前也還沒有證據，只是猜測而已。」

「不過如果白筠玲要指使梁明瀚殺人，應該會有理由或是原因吧，不然她怎麼有辦法去指使別人犯下這麼嚴重的犯罪。」李常德說道。

「的確是。」

「這是最重要的前提，不然就無法成立了。要不就是白筠玲握有梁明瀚的把柄，要不就是能夠提供什麼好處，對吧。」

李常德說的沒錯。或許是威脅，或許是利誘，總是要有個理由的。不過因為任篤傑自己也不相信這種說法，所以他並沒有深入思考這種可能性。

「其實我有一個想法，對於是不是梁明瀚殺人，我覺得有點意見。」李常德說道。

「因為他是你的朋友，你不相信他會殺人？」

「並不是這樣，而是很理性的推測。」

「請說。」

「不管梁明瀚是不是被指使，假設真正下手的人就是他好了。」

「嗯。」

「如果這樣的話，那為什麼梁明瀚要在簡安世家中殺人？」

任篤傑覺得意外，他之前並沒有考慮到這個問題。

「什麼意思？可以說得更詳細點嗎？」

「簡安世和伍英智都是自己獨居，平常沒有外人打擾，他們家裡都不會有人進去。」

「趙正航曾經去伍英智家中住過一陣子，不過那是特例。而簡汶淇每個月會去打掃，但應該也花不了太多時間，所以你說的沒錯。」任篤傑說道。

「既然如此，梁明瀚在伍英智家中殺人不也是一樣嗎？更何況他都已經去伍英智家中找過人了，為什麼還要特地約時間到簡安世家中，然後在那裡殺人？他必須先打一把備用鑰匙才有辦法開門，那不是反而麻煩嗎？」

李常德說的沒錯，這的確是個很大的問題。

「如果伍英智死在自己家中，那麼梁明瀚的名字根本不會浮上檯面。正因為他是簡汶淇的前男友，所以你的調查才會觸及到他。如果案發現場不在簡安世家中的話，那麼梁明瀚不但沒有動機，他跟伍英智也根本沒有關聯，更可以保持清白。」

「沒錯，你說的非常有道理。」

任篤傑不得不承認，李常德說的非常合理。

他之前竟然完全沒有察覺到案發地點的問題。的確，梁明瀚曾去找過伍英智，是現在李常德才提供的消息。但是就算不知道這點，考慮到梁明瀚要進入簡安世住處會相對麻煩，選擇在伍英智家中犯案絕對是更方便的。

「關於這點，你有什麼想法？」任篤傑問道。

「既然是在簡安世家中發生的，那麼將凶手視為是簡安世，應該是最合理的吧。而他之所以失蹤，就是因為要逃避被緝捕，不是嗎？」

李常德又提出這個官方見解。

但任篤傑的確也沒辦法推翻，因為這是最直覺的想法了。

「梁明瀚沒有動機，不需要改變犯罪地點，也沒有理由被白筠玲指使，只因為一些情況而認定他是凶手，好像太武斷了。」

李常德的說法相當具有說服力。

在寇公與李常德離去後，任篤傑繼續思考。

他說的沒錯，不過任篤傑覺得，解釋方式並不只一種。

他所提起的案發地點問題，的確是目前難以解釋的矛盾。

但他的說法卻反而太偏向於證明梁明瀚的清白，如果根據想法的不同，那麼是可以往別的方向去思考的。

任篤傑覺得也可以思考成，在梁明瀚去找了伍英智之後，因為某些原因，才讓殺人事件發生在簡安世的住處。

儘管他們明明可以直接在伍英智家談話，卻仍然刻意換了地方。如此大費周章，這究竟代表了什麼意義？

任篤傑再次整理線索。

李常德證實了他的疑問，梁明瀚的確是去找過伍英智。他們不只在二月時見過面，在三月時又見了一次面。

沒有關聯的兩人，再次見面的理由是什麼？

等一下。

他想到趙正航說的，伍英智曾經殺過人。

這是個重要的線索，考慮到犯罪的嚴重程度，那極有可能正是他被趕出農場的原因。

相較於白筠玲的輕描淡寫，這個理由更具說服力。

目前無法取得伍英智殺人的詳細情報，而且因為是他自己在酒醉之後說出來的，甚至無法確認是否為事實。

不過從這一點出發進行推理的話，似乎可以解釋其他的事情。

任篤傑的腦袋全速運轉，之前所取得的線索一個接著一個浮現，他的推理就像是接連打通關卡一樣，逐漸攻破了原本難解的謎團。

最後，他發現他已經得到了一個可以合理解釋謎團的真相了。

第二天下午，任篤傑打電話給白筠玲，電話響了一陣子才接通。

聽筒裡傳來白筠玲的聲音，聽來並不是那麼高興。

「任先生，你真的非常煩人。」

「我有事情必須找妳確認，希望妳能撥出一點時間。」

「你知道今天是假日嗎？」

「不好意思，我的工作是沒有平日或假日的。」

「那我告訴你吧，今天是星期六，而我連續工作了兩個星期，好不容易才有一天的休息時間，這樣夠清楚了嗎？」

「我想這應該是最後一次了，以後不管妳要連續工作一年還是連續休息一年，我都不會再去打擾妳。」

白筠玲沒有回答，片刻之後才說：

「好吧，時間和地點？」

「都可以。」

「兩個小時後到我們公司來。」

「沒問題。」

任篤傑算準時間，開車前往南港，正好在兩個小時後抵達。

他在大樓外等著。現在不是工作時間，一樓大廳空空蕩蕩，沒有人進出，裡頭只有警衛無聊似地坐在服務台後。

沒等多久，白筠玲從大門走出，向他點了點頭。他隨即上前，跟著白筠玲走進大廳。

白筠玲將他帶往會議室，正好就是第一次見面時的那一間。

兩人都走進去後，任篤傑將門關上，選擇白筠玲對面的椅子坐了下來。

「你要說什麼？」

白筠玲表情嚴肅，冷冷地問道。

任篤傑開始說明。

# III

## 1

「伍英智曾經在失蹤期間殺過人，這一點是最重要的突破。因為找到了這一項線索，才有辦法整合所有的線索，推理出真相。」

任篤傑已經可以解釋大部分的謎團，剩下的最後一步，就是來找白筠玲了。他並不知道所有的真相，有些事實隱藏在少數人的手中，並不是光憑他的調查就能夠查出來的。

那些無法查明的真相，只能靠白筠玲自己說出來，而在那之前，任篤傑必須用已知的推理來說服她，並讓她願意說明。

「我會知道這起事件，是因為許仲濤的關係。在伍英智的住處跟他見過一面，之後他就音訊全無。我對他為何失蹤感到好奇，也因而開始調查伍英智遭殺害的事件。伍英智的生活圈單純，不曾跟任何人起衝突，沒有遭到殺害的理由。儘管他曾經失蹤過六個月，但是由於原因不明，也不知道那段期間人在哪裡，所以無法確定是否為被害的原因。」

整起事件牽涉到的範圍相當廣泛，任篤傑決定從伍英智的事件開始說起，因為他認為從這裡才能清楚解釋事件，是最佳的施力點。

「但是從得知伍英智在失蹤期間殺了人之後，案情開始出現轉機。他是不是因為殺人而遭到報復？或者是因此而間接提供了別人殺害他的動機？原本伍英智是被害者，但卻搖身一變成了殺人凶手。如果他的遇害是直接或間接導因於過去的殺人事件，那麼他究竟是殺了什麼人，這必然會是一個關鍵。

「白小姐，妳曾經說過，伍英智在那六個月裡去了農場，參與你們的計畫。而妳也提到，他那時引起了一些問題，所以才會離開農場。這和我所得到的線索結合可以知道，妳所謂的引起問題，指的正是他殺了人。我可以理解當時妳為什麼不能說出口，不過現在已經沒辦法再隱瞞了。白小姐，妳可以告訴我，他殺的是什麼人嗎？」

「你既然來找我，就表示你已經推理出來了吧，那就直接說吧，不要再拐彎抹角了。」白筠玲說道。

「好吧，既然妳不願意說，那我就提出我的想法了。」

任篤傑暫停片刻，然後繼續說道：

「伍英智是因為去了農場才會殺人，所以雖然身為核心成員的妳對一切都很清楚，不過我還是必須從你們的研究計畫說起。你們的研究是來自於跨國公司的火星移民計畫，因為不只要讓人類離開地球，更希望能夠在火星上自給自足，而不只是仰賴完全地球的資源。因此你們建立了農場計畫，先行在地球上進行實驗，希望在農場裡就能夠達到自給自足的目標。但我後來才知道那只是表象，計畫的真正目的，是預測犯罪。」

「等一下，你誤會了。自給自足的系統同樣是我們的研究項目，能不能在火星上有效率的生產資源，對未來的人類發展是至關重大的事，絕對不只是煙霧彈而已。」

「我懂了，不過在說明事件時，這並不是那麼重要的線索，所以請容我忽略這一段。」

「你繼續說吧。」

「回到預測犯罪上，因為各種犯罪事件是阻礙人類發展的嚴重問題，所以你們接受委託，開始研究如何降低犯罪的發生率。目標是在發生之前就提出預測，而最好的結果當然是希望能夠預防與消除犯罪。

「你們將一群人集中在隔絕的環境裡，在他們從事生產的同時，以各種監測裝置來偵測身體上的任何變化。那是一個巨型且複雜的監控設備，人體的所有細微改變，都能夠被儀器監測並數據化。

「透過這些龐大的資料，你們試圖建立一套系統，以便將來可以直接利用這些數據來預測犯罪。至於你們的詳細做法為何，實驗結果是否符合期望，那我就不清楚了。」

「系統還在建立中，在目前這個階段還無法得出結論。」白筠玲回答。

「就算是我這個外行人，都覺得這個計畫不花上個幾年甚至幾十年的時間，大概也不會有成果吧。科幻故事裡的情景，在現實中總是要經過長時間的發展才有可能成真。但無論如何，至少有一點是超出你們預期的，那就是伍英智在那裡殺了人。

「計畫的目的是預測犯罪，卻反而出現了最嚴重的犯罪事件。但就算如此，我想應該也是在你們的預想範圍內吧，畢竟實驗過程中本來就有可能出現各種發展，你們必然早就有所準備。而且在目前的階段，收集資料的意義遠大於後續的犯罪預測。超出你們預期的，是伍英智所殺害的人。」

任篤傑將視線移往白筠玲，直視她的雙眼。

「他殺的人，是簡安世，對吧。」

白筠玲沒有什麼反應，從她的表情上看不出任何想法，她只是說道：

「你的推理太跳躍了，中間沒有足夠的證據可以佐證。在農場裡有相當多人，為什麼正好是簡教授？」

「計畫目標既然是預測犯罪，那麼所聚集的或許不只是一般人，更有可能包含強烈犯罪傾向的人，如此一來，從中收集到的資料將會更具價值。而將雙方的數據進行比對，也才能更有效率地進行資料分析。這點只是我的推測，應該距離事實並不遠吧。」

白筠玲攤了攤手，沒有回應。

「我想說的是，農場裡會發生犯罪事件，絕對是在你們預期之中。如果事先就決定招募具有犯罪傾向的人，那麼必然會考慮到犯罪的發生以及如何處理。因此就算真的發生了殺人事件，也不會是影響到計畫根基的問題。當然你們應該不會希望出現殺人事件，但是也絕對早就準備好因應的對策。

「也就是說，就算是殺人凶手，也沒有必要逐出農場。反過來說，你們不太可能會事先找殺人犯來農場進行實驗，也不希望在計畫中發生，但如果真的在過程中出現殺人犯，卻反而能成為最好的實驗對象。」

「你的想法非常殘酷呢。」

「我覺得妳用冷酷來形容會更好一點。我猜想的是，如果實驗對象彼此殘殺，並不至於會被逐出，但如果殺害的是計畫裡的重要人物，那應該就很難繼續留下來了。當你們的工作夥伴遭到殺害，因而對實驗對象懷有強烈的憎恨情感，那麼必然也會影響到實驗的結果吧。

「從時間上看來，伍英智在一月時重新出現，而簡汶淇最後一次與簡安世通電話則是在去年十二月，一月時已經無法取得聯繫。伍英智正好在簡安世失去音訊之後回來，將兩者結合在一起是相當合理的。

「伍英智殺死簡安世，所以被趕出農場。你們不希望農場計畫曝光，所以也無法將伍英智的罪行公諸於世。你們是一群研究人員，不是喪心病狂的瘋子，所以大概也沒想過要行使私刑來為簡安世復仇吧。最後你們讓他離開，並要求他不能說出農場裡的所有事情。」

任篤傑說明伍英智在離開農場前所發生的事，他看白筠玲並沒有想要插話的意思，便繼續說道：

「伍英智自稱失憶，這樣就可以避免被人詢問失蹤期間的事。我本來也考慮過是不是你們對他進行消除記憶的手術，不過就像妳之前說的，目前這種技術還不具可行性，無法實際執行，所以可以不用考慮。當然也不排除是他在離開農場之後，真的因為某種衝擊而失去記憶，不過既然他已經說出曾經殺了人，那麼就可以確定失憶是謊言了。

「伍英智殺人是所有事件的導火線，如果不是因為如此，那麼之後的事情都不會發生了。只不過在當時是不可能預期到會有後續發展的，所以你們在那時並沒有對他不利，而只是將他逐出農場，我覺得是正確的決定。至於伍英智為什麼要殺害簡安世，我沒辦法知道，但妳應該很清楚吧。」

任篤傑並沒有預期白筠玲會坦率地說出來，但或許是因為他的推理正中事實，所以她並沒有反駁，而是說出了真相。

「那是意外，並不是預謀殺人。伍英智對農場裡的很多人有意見，常常發生爭吵，也曾經有過動手打架的記錄。就在一次伍英智跟其他人爭論的過程中，教授想勸阻他，卻沒想到反而被他用煙灰缸打中頭部。」

「原來如此。」

「當然我也想過，也許那不只是意外，而是遲早會發生的事。」

「怎麼說？」

「他被影響了，被其他那些劣根性更重的人影響。近朱者赤，近墨者黑，雖然是古老的成語，但的確是有道理的。既然待在染缸裡，要想乾淨的走出來，可就不是件容易的事了。」白筠玲說道。

「不過你們這些研究成員似乎沒受影響。」

「也許有，誰知道呢？」

「你們的系統還來不及發揮效用嗎？」

「現在仍然在收集資料的階段，預測犯罪的系統還沒有完整建立起來，再加上伍英智是教授的朋友，所以就疏忽了。現在還說這些也沒用，你繼續吧。」

「我以為妳會接下去把所有的事都說出來。」
「你應該沒那麼天真吧。」
「好吧，我也只是說說而已。從之前和妳見面的經驗看來，妳總是一面觀察狀況一面決定下一步該怎麼走，絕對不會一次就將所有事情全盤托出。」
「不，那要看情況。對我來說，你是個可疑的人，我有什麼必要全盤托出？」
「說的也是。總之伍英智在農場裡殺人的事件就先到此為止，再來就必須要從別的地方說起了。」
「你並沒有說到他被殺的原因和凶手。」
「伍英智遭到殺害，最大的問題在於動機。伍英智的生活單純到無趣，也沒有跟任何人結怨，並沒有遭到殺害的動機。雖然就像妳說的，他在農場裡對別人有怨言，但是他在現實生活中似乎並不是這樣的人，並沒有仇家會對他不利。就算他殺了簡安世，結果也只是被你們從農場放逐，沒有對他報復。既然如此，那就必須從別的地方著眼才行，畢竟這是個複雜的事件，不能只看單一層面。」
任篤傑說明完伍英智殺害簡安世之後，接下來繼續說道：
「伍英智殺人是所有事件的起點，但還有另一條導火線，就是心臟移植手術，這是導致伍英智死亡的遠因。」
「喔？你認為是我殺的？」

「不，很明顯的跟妳無關。如果妳要殺害伍英智，根本就不會讓他離開農場，他將永遠失蹤，而不是死在簡安世的家中。而且對妳來說，心臟移植與伍英智毫無關聯，沒有理由扯在一起。就算移植之後對妳造成某種影響，也不會導向殺害伍英智的結果。」

「客觀來看是很合理。」白筠玲事不關己似地說道。

「但是除了妳以外，還有另一名心臟移植的人，就是梁明瀚。妳本來並不認識他，也不知道當天有別人也在進行手術吧。」

「當然不知道。」

「妳和梁明瀚之間沒有直接關聯，你們的接點是簡安世，因為他的女兒簡汶淇是梁明瀚的女友，才讓梁明瀚有機會知道妳的存在。否則你們只是在同一天裡進行同樣的手術而已，不可能認識對方，也不會有後續發展。

「對絕大多數人來說，無論直接或間接，都不會與心臟移植扯上關係。但是簡安世卻不同，非常罕見地，有兩個和他相關的人在同一天進行手術。一個是他的學生，另一個則是他女兒的男友。」任篤傑說道。

「我並沒有聽教授提起過，他大概只當成是巧合吧，沒有特別提起的必要，畢竟教授對工作的熱忱遠大於其他無關緊要的事。」

「簡安世的情況，對簡汶淇也一樣成立。雖然她不認識妳，但是知道有妳這個人，也透過簡安世知道妳動手術的事。因為梁明瀚也是，所以她很自然地就將這件事告訴他。由於簡安世父女的想法不同，所以在剛開始的時候只有單方面的認知而已，梁明瀚知道有另一個人在相近的日期進行心臟移植，但妳卻不知道。

「簡汶淇不會覺得這有什麼特別的，應該只是茶餘飯後的閒聊，但對梁明瀚來說卻並非如此。他本來不可能知道其他心臟移植者的消息，但卻陰錯陽差地接收到了這個重要訊息，從此改變了他的人生。

「不對，應該這麼說，他的人生早在心臟移植時就已經改變了，只是他無從著手，也無力改變，所以只好視而不見，想這個樣子繼續過下去。但是妳的出現，卻使得無法解決的問題突然出現曙光，他終於有辦法可以解決他的焦慮。妳很清楚我在說什麼，因為妳也和他一樣，在你們的身上，出現了同樣的現象。」

任篤傑看著白筠玲，她並沒有回應。

「你們都繼承了心臟捐贈者的記憶。」

白筠玲只是搖了搖頭，不過任篤傑認為那並不是否認的意思。

「對發生在自己身上的事，妳一定也調查過，所以我不用再多說。而過去有太多案例，妳必然也很清楚。如果只是繼承普通人的記憶倒也罷了，或許可能會帶來困擾，但大概不至於嚴重到發生犯罪吧。

「偏偏你們遇上的是罕見的案例，之所以會有心臟可供移植，是因為犯罪事件的關係。潘信忠和徐瑜梅，這兩人分別讓對方重傷，之後自己也因對方造成的傷勢過重而死亡。也就是說，你們移植的是殺人犯與被害者的心臟，繼承的是殺人犯與被害者的記憶。」

白筠玲同樣沉默著。

「心臟移植對梁明瀚所造成的影響，顯然比妳要嚴重許多。儘管潘信忠的過去變成重複出現的惡夢，但是除了接受之外也別無他法，總不能因為這樣就把心臟摘出來。而且人總是比想像中還要具有適應力，也有其他方法可以嘗試，不見得一輩子都會被惡夢所擾。

「但是因為簡汶淇的關係，他知道了妳的存在。不需要花費太多工夫，只要調查很容易便可以知道，妳必然就是徐瑜梅心臟的移植者。他或許是這麼想的吧，前世的因緣必須在當下解決，否則他無法繼續過著往後的人生。」

「就因為他的心臟來自殺人犯，所以他就想殺了心臟來自被害者的我？這個想法太荒謬了吧。」白筠玲問道。

「妳跟他談過，應該很清楚他的想法。」

「我的確跟他談過，但我想知道的是你的想法。你認為他無法克制殺人的衝動？」

「我想應該是相反的。」

「相反？」

「在過去的事件裡，的確是潘信忠拿著水果刀在威脅徐瑜梅。但是刀子是徐瑜梅家中的，而在警方的調查中，也證明潘信忠並沒有攜帶任何凶器。他去找徐瑜梅，目的並不是為了殺人，而是希望能夠復合。

「當他們在陽台時，也是他先被徐瑜梅用刀刺中腹部，然後才用手將徐瑜梅推出陽台。所以從他自己的角度來看，他才是被攻擊的被害者。」

「你的意思是？」

「對他來說，妳繼承了殺人犯的心臟，而他繼承了被害者的心臟，他害怕被妳殺害啊。」

「我可從來沒有這種想法。」

白筠玲看著任篤傑，似乎對他的說法相當不以為然。

「徐瑜梅被推落只是一瞬間，但潘信忠被刺殺卻是一段時間相對長的過程，他會認為自己是被害者，也不是不能理解的。」

「被他推下樓的女子才無法理解吧。」

「是嗎？妳做的夢，是從陽台被推落，還是用刀子刺殺對方？如果是完整呈現經過的話，應該兩者都有吧。對妳來說，哪一邊的衝擊比較大？」

白筠玲沒有說話。

「是後者吧，如果是被害者，妳不會說不出來。對妳而言，自己的身分是殺人者，這個印象應該會更為強烈，他只不過和妳相反罷了。」

「我的想法並不重要。然後呢？」

「既然知道妳的存在，那他不可能繼續裝作沒事。惡夢困擾他已久，現在既然有可能解決，那他當然會想盡辦法。他不想被妳殺害，所以他必須要有能夠保護自己的東西，以便在未來真的出事時可以阻止妳。

「你們之間沒有關聯，而且或許他也害怕再被妳攻擊，所以不可能直接上門找妳。無論如何，他都不可能在當時的狀況下，能夠有機會跟妳取得聯繫。既然如此，他就必須要找出可以產生關聯的地方。於是他開始回想，希望能找出任何可供利用的地方。」

「結果梁明瀚想到了伍英智，因為他曾經跟簡汶淇一起去找過。」

「沒錯。雖然這層關係有點遠，但那畢竟是唯一的關聯。伍英智曾經失蹤，這件事並不是祕密，也不少人知道，他很容易就能調查到。另外他當然也早就知道簡安世下落不明，他得出了什麼結論雖然不得而知，但很有可能他會將這兩者聯結在一起。

「由於妳是簡安世的學生，也在同一間公司工作，如果梁明瀚去找伍英智，那麼或許就有辦法取得一些消息。甚至如果能夠得到妳的把柄，有辦法據此來威脅妳的話，那當然更好。梁明瀚對伍英智不可能懷有殺意，他們兩人毫無關係，他會找上伍英智，純粹是因為妳。伍英智是唯一的途徑，所以梁明瀚只能走這條路，如此而已。」

「梁明瀚找上伍英智，是為了在找我之前先取得護身符，你是這個意思吧。」

「對。但是思考到這裡，接下來的事情就開始困擾我了。」

「喔？」

「這不是我想出來的，而是李常德提出的問題。我本來完全沒有考慮到那個方向，要不是他提醒，我還真沒想到。」

「等一下，李常德是誰？」白筠玲問道。

「龐畢奇的常客，是透過老闆介紹才認識的。他認識梁明瀚，所以對伍英智的事件很熟悉，也見過許仲濤，所以我們一起討論過案情。」

「看來你認識了不少人呢。」

感覺上白筠玲似乎在挖苦他，不過他決定不予理會。

「如果梁明瀚只是要找伍英智談話，那麼在伍英智家裡談不就好了，有什麼必要到簡安世家中？」任篤傑說道。

「我懂了。」

光聽到問題，白筠玲似乎就已經知道任篤傑的意思。

「客觀來看，伍英智和簡安世的住處並沒有差別。同樣是一個人獨居，平常也不會有人來打擾，狀況根本就是一樣的。既然如此，為什麼梁明瀚去找了伍英智後，還要另外約時間再到簡安世家中？

「從結果看來，最後梁明瀚和伍英智是在簡安世的住處見面。這代表的是梁明瀚必須取得簡安世家的備用鑰匙。這對他來說並不是難事，只是要花時間。他必須先到簡汶淇的房間，找出鑰匙，離開後去打造備用鑰匙，之後再歸還。如果能夠在伍英智家中談完，為什麼需要多做中間這些步驟，特地去簡安世的住處？」

「這的確是個問題。你怎麼想？」

「李常德認為，這正代表梁明瀚不是兇手，因為他沒有必要這麼做。他的想法是有道理，但我只同意一半，梁明瀚的確沒必要這麼做，所以我從這個方向開始思考。最後我的結論是，因為伍英智的住處並不適合他們談話，所以必須另外找地點，找一個條件幾乎完全相同，但卻不一樣的地方。」

「為什麼不適合？」

「因為他們談話的結果，會讓見面地點產生重大的意義，而犯人不希望發生在伍英智的住處，這就是必須另尋地點的原因。」

「重大的意義？」

「對，因為他們見面以後，有可能會在那個地方發生犯罪事件。犯人已經預見了結果，所以不能選在伍英智家中。」

「等一下，你的意思是？」

「要去簡安世的住處，是伍英智提出的，而不是梁明瀚，這樣才合理。」

「但是為什麼？難道……」

白筠玲露出了恍然大悟的表情。

「沒錯。」

任篤傑點頭。

「因為預期到會發生犯罪事件的人是伍英智。在最糟的情況下，伍英智很有可能會殺害梁明瀚。」

「伍英智的動機是什麼？他有什麼理由要殺害梁明瀚？」白筠玲問道。

「梁明瀚在簡安世的家中說了什麼，也只有他本人才知道。不過我猜想，他很可能是詢問伍英智在失蹤時去了哪裡。因為假設伍英智和簡安世的關聯只有那六個月，那麼和妳有關的情報，也只可能出現在那段期間。

「但是對伍英智來說，這段期間的經歷卻是禁忌，因為他在農場殺了簡安世。梁明瀚突然出現在他家門口，而且問的是失蹤時的事情，這必然讓他感到驚慌，懷疑是不是他的犯罪已經曝光，必須接受制裁了。但梁明瀚不可能知道，否則他應該會想辦法不去觸及敏感的話題。這兩人的立足點完全不同，根本不可能溝通。」

「梁明瀚實在不走運，他提出最不該問的問題。」

「而且他完全沒有自覺，雖然那也沒辦法，就是因為什麼都不知道，所以才會問的，只是卻造成最糟糕的後果。可能從那個時候開始，伍英智就已經在想辦法了吧，所以他很可能找藉口說要改天再談，留下梁明瀚的聯絡方式，當天很快就結束會面。

「因為不能在自己家裡，所以伍英智需要時間去想要在那裡見面。他應該不用花多少時間就想到了簡安世，因為簡汶淇來找過他，他知道簡安世的死亡並沒有被通知給家人，也因此住處是空屋，沒有人會去。

「然後伍英智打電話給妳，而妳沒有接到，所以事後才會回電，結果意外被趙正航接到，所以妳在伍英智死亡之前找過他的事情也才會被發現。妳並沒有提過這件事，不過合理的推測就是如此。他那時對妳說了什麼？」

白筠玲仍然搖搖頭，沒有說話。

任篤傑倒是不以為意，等真相解明之後，她應該就會願意說了。

「伍英智事後再找上梁明瀚，可以隨便編個理由說要去簡安世家中。雖然兩人談話的內容不明，不過可以想像得到，伍英智很可能在對話過程中認為梁明瀚是個威脅，因而發動攻擊。伍英智並不一定是要殺人，也許他只是想給對方一點教訓。

「面對突然襲擊而來的伍英智，梁明瀚根本不可能知道發生了什麼事。不過人都有防禦的本能，既然遇襲，梁明瀚就不可能白白遭受攻擊，必然會出手反抗。就在這時，他想起過去也曾經出現過類似的情景。眼前有一個瘋狂的人，他必須要制止對方。於是他衝到廚房，拿出了一把水果刀。」

「他們的運氣太差了，兩個人都是。」

白筠玲輕輕嘆了一口氣。她應該早已知情，但似乎仍然覺得感慨。

「當然那並不是梁明瀚過去發生的事，而是心臟的前任主人潘信忠的經歷。但是他們兩人的記憶已經合而為一，是誰做的已經不重要了。就像過去一樣，他拿著水果刀威脅對方。雖非他的本意，但他最終仍然在爭執中殺了人。而要離開時，因過於驚慌而忘了關門，案件才提早曝光。在簡安世的住處，梁明瀚殺死了伍英智，這就是事件的真相。

「這也是為什麼取得伍英智曾經殺人的這條線索，會這麼重要的原因。如果他不是曾經殺人，沒有必須保護的祕密，那麼在梁明瀚找上他時，他其實沒有任何害怕的理由，可以很理性地跟梁明瀚談話，也就不會有後續的意外發生。

「反過來說，就因為伍英智無論如何都必須堅守這個祕密，這才使得沒有動機的梁明瀚會因為保護自己而殺人。警方沒有找出凶手，因為梁明瀚和伍英智表面上毫無關聯，沒有機會查到他身上。而梁明瀚的確沒有動機，他並不是蓄意要殺人的。

「在梁明瀚殺了人之後，他開始覺得一切都無所謂了。為了接近妳，卻毫無意義地殺死不相干的人，這是多麼無謂的事。雙手沾染血腥的他，已經不在乎什麼理由或藉口，他直接找上了妳，對吧。」

「沒錯，他來找我，坦承自己殺死伍英智。」

白筠玲果然知道殺害伍英智的人正是梁明瀚。

「而因為妳曾經去找過偵探調查心臟捐贈者的經歷，本來就已經有基本的認識，所以妳很快就清楚掌握當時的狀況。」

白筠玲點頭，說道：

「我很驚訝，而他很沮喪。剛開始知道他就是另一名心臟移植者時，夢中的感覺又出現了，我看的出來他應該也是。不過我們都壓抑住那股感覺，將一切都說出來，平心靜氣地討論。

「最後我們達成了共識，伍英智的死亡是意外，沒有必要為他白費剩餘的半生。而且說到底，伍英智本身也是殺人犯，就當成是他的贖罪好了。

「事實上我本來就無法原諒殺死簡教授的他，只是為了農場計畫，不得不放他一馬而已。對我來說，梁明瀚能夠殺死伍英智，反而是幫了無能為力的我一個大忙。」

「難道梁明瀚沒有告訴妳，是伍英智提出要去簡安世家談話的嗎？妳剛才的表情看起來相當驚訝。」

「他有說，但那是伍英智提出要去教授家找東西，所以才會過去。他一直以為伍英智是為了他說的話而發狂，沒有想到原來伍英智本來就打算要攻擊他了。」

「那你們兩人之間的事呢？」

「那天是我們第一次正式碰面，會有什麼非得殺個你死我活的理由？我們移植了潘信忠和徐瑜梅的心臟，雖然他們之間有著過節，但那與我和梁明瀚根本就沒有關係。那是前世的因緣，與今生無關，沒有理由被心臟所帶來的記憶綁住而毀了現在的人生。梁明瀚殺死伍英智以後，反而變得清醒多了，他能夠接受我根本無意對他不利的事實，所以他當然也沒有必要再想著要保護自己。」

「妳也做了惡夢，但妳卻不像梁明瀚那樣被影響得那麼深，是嗎？」任篤傑問道。

白筠玲點頭。

「我沒有他那種被害的恐懼，也沒有殺人的衝動。可能我本來就是個理性的人，而且一直以來都是接受科學訓練，所以情況比他要好一點。」

「既然妳一直以來都接受科學訓練，那麼對於心臟移植會造成人格改變這種不科學的事實，妳會相信嗎？」

「過去的巫術變成現在的常識，科學的範圍一直都在改變，我不會輕易相信，但也不是那種食古不化的死腦筋。」

「說的好。我還有一個問題。」

「你說吧。」

「伍英智為什麼要打電話給妳？」

任篤傑不知道伍英智有什麼理由要在離開農場之後，還要再找白筠玲。

「因為梁明瀚去找他，問他關於我的事。他想問我的想法，所以才會打給我。」

「妳回電給他時，說了什麼嗎？」

「不，伍英智告訴我梁明瀚去找他，但我不認識梁明瀚，也不打算理會他，所以並沒有講什麼。」

「我知道了。」

「好了，你想知道的，我已經告訴你了。雖然這不是我的本意，不過既然你都推理出來，那也沒辦法，你該滿足了吧。」

「不，還沒完呢。」

「你已經推理出梁明瀚是凶手，而且我也證實了。當事人親自證實你的推理，沒有比這更有力的證據了，不是嗎？」

「伍英智遭殺害的事件的確是已經解決了，非常感謝妳的幫忙。不過雖然如此，謎團卻沒有完全解明，反而衍伸出別的問題了。」

「喔？」

「雖然梁明瀚殺了伍英智，而妳也知情，但你們最後決定不去理會伍英智被殺的事，就當他罪有應得。反正也查不到你們頭上，不會有什麼影響。」

「的確，我根本不想理會他。當初沒辦法制裁他，已經讓我非常悔恨了，現在他被殺也只是贖罪罷了，我完全不同情他。」

「白小姐，從這個時候開始，問題已經跟伍英智無關了。」

「不然呢？」

「梁明瀚找上妳，你們花了一段時間詳談。最後你們決定，不管是伍英智被殺的事，或者是心臟捐贈者的過去，都完全不予理會，各自回到原本的生活。」

「那又如何？」

「如果這樣的話，那為什麼梁明瀚失蹤了？」

「梁明瀚沒有失蹤的理由。妳是困擾他的原因，這點已經解決了。殺害伍英智是嚴重的罪行，但是查不到他身上，所以也不會造成問題。他對原本的生活並沒有不滿，只是因為心臟移植而造成偏差，但是在你們談過之後，這點偏差也已經被矯正了。」任篤傑說道。

任篤傑認為，他提出梁明瀚的失蹤，應該會對白筠玲造成影響。但是白筠玲卻沒有表情，任篤傑看不出她的想法。

「我也考慮過他是不是已經被殺了，不過沒有人會為了替伍英智報仇而殺他，妳也沒有理由因為繼承了徐瑜梅的記憶而殺他，所以可能性幾乎為零。

「唯一合理的推測是，你們的會面並不只是解決過去的問題而已。更重要的是，他的想法已經變得不一樣了，儘管前途大好，他卻寧願離開原本的生活。妳改變了他的未來，這才是他會失蹤最直接的原因。」

任篤傑看著白筠玲，然後接著說道：

「妳沒有什麼話想說嗎？」

白筠玲攤了攤手，沒有回答。

「那我就繼續了。我原本的猜想是，他就像其他那些自願進入農場的人一樣，對原本的生活不滿，渴望脫離現實生活。在期望可以改變的時候，正好發現你們這個避風港，所以頭也不回地加入你們。

「但這個猜測無法說服我自己。從簡汶淇所說的看來，梁明瀚的人生相當順利，也可以預見將來的發展，未來一片光明。他是人生勝利組，是許多人渴望達成的目標，他並沒有棄世的念頭，完全沒有理由捨棄一切。」

「這很難說，人生勝利組不過是外表所能看見的假象，裡頭的不堪只有當事人才能體會，旁人根本不得而知。」

「當然，妳說的沒錯。可是梁明瀚還年輕，正是要起飛的時候，不到三十歲的他應該充滿了往上爬的衝勁，還不到後悔或覺得不堪的年紀。就算他真的有負面想法好了，但是看到伍英智，也可以知道農場裡並沒有那麼美好，不見得值得進去。他有必要離開不錯的生活，到農場裡去當實驗對象嗎？」

「說不定他正是這樣的人呢。」

「我並不這麼認為。話再說回來，他真的對預測犯罪感興趣？從對他的調查看來，他的興趣裡似乎不包含這一項。」

「你查不到他內心的想法吧？」

「對，其實我並不知道。我的調查只能查到這裡，沒有辦法再更深入下去。」

「太遺憾了。」

「所以我只好來請妳告訴我了。」

「什麼？」

白筠玲難得露出驚訝的表情。

「因為許仲濤的失蹤，我開始調查伍英智被殺害的事件，而現在已經知道梁明瀚就是凶手。雙方都沒有殺人或被殺的動機，純粹是因為立場不同而導致的意外。單就伍英智的事件來看，我的調查已經結束了。

「但是雖然殺人事件的真相已經明朗，整起事件卻仍然充滿謎團。你們和解，梁明瀚擺脫了一直困擾著他的惡夢，那麼他應該就要回到原本的生活才對。但是不知為何，他竟然選擇放棄原本的一切，而且做法相當粗糙，只跟簡汶淇見了一面提分手，向公司辭職，其他什麼事也沒處理，就這麼失蹤了。

「他會這麼做，一定是有理由的，而且不可能是因為犯罪預測，因為這和他根本沒有關聯。換言之，農場計畫絕對不只如此而已，那不足以吸引梁明瀚加入。我認為其中還有內幕，希望妳可以老實說出來。」

「第一，你根本無法確定梁明瀚是否真的去了農場。第二，就算你說的是正確的，我又有什麼必要將事實告訴你？如果那是你查不出來的情報，當然是非常機密的計畫，我有可能輕易說出口嗎？」

「如果妳不願意講，那我就再繼續說下去吧，或許妳會改變心意。」

「喔？你還知道更多的事？」

「我不知道的是他決定失蹤的動機，至於他這個人，我知道他在哪裡。」

白筠玲皺眉，看起來似乎沒有之前那麼冷靜。

「你知道他在哪裡？」

「嗯，雖然很久以前就見過他了，不過倒是昨天才發現。」

白筠玲沒有說話，只是盯著任篤傑。

「第一次見到面，是在我開始要找許仲濤的時候。」

任篤傑沒有回避她的視線，同樣直視著白筠玲。

「那時，龐畢奇的老闆向我介紹了一個人，我從他那裡聽了不少事情。只是沒想到，後來才發現失蹤的人，原來從一開始就出現在眼前。妳當然知道我在說誰，對吧。」

白筠玲同樣沒有回答。

任篤傑沒有再等待她的回應，直接說道：

「李常德，他就是梁明瀚。」

## 2

「很有趣的想法，為什麼你會這麼想？」白筠玲問道。

「妳好像完全不意外的樣子。」

「你很在乎我的反應嗎？其實我怎麼想並不重要吧。換個問題好了，讓你這麼想的理由是什麼？是因為他做了什麼事情嗎？」

「他露出了破綻。」任篤傑說道。

「破綻？」

「不知為何，他認為我是警察。當他第二次在龐畢奇跟我見面的時候，不小心說出他那時才知道原來我不是警察。」

「你不是警察？是偽裝的？」

「白小姐，這件事妳早就知道了，不用再演了。」

「我的確一直都以為你是警察，也以為其他人會這麼想。」

白筠玲並沒有正面回覆任篤傑的話。

「不，只有妳才會這麼想，其他人沒有理由知道。對了，還要再加上許仲濤，雖然他目前下落不明，不過姑且算在內好了。」

「為什麼只有我和許仲濤會這麼想？」白筠玲問道。

「在這次的調查過程中，我接觸到的人並不多，而且都不需要偽裝身分就能夠取得線索。只有妳和許仲濤不同，我是先偽裝成刑警才繼續向你們問話。」

「真是榮幸。」

「從見面時的感覺來判斷，我認為需要偽裝成刑警才有足夠的立場可以取得線索，所以才會出示假的刑警證。」

「如果你不是刑警，我的確是不會理你的。然後呢？」

「我從來不曾在龐畢奇裡出示刑警證，所以老闆與服務生都不可能會這麼想。在那間酒館裡，只有一個朋友知道我會偽裝身分。雖然他有可能提到我過去曾經是警察，但絕對不會將我現在還會假扮刑警的事說出口。奇怪的是，同樣在那裡認識的李常德，卻會對我不是警察而感到驚訝。他不可能在龐畢奇裡得到這個消息，所以他的反應相當異常。」

「我還以為你在調查的時候，都是打著警察的旗幟到處招搖撞騙。」

白筠玲似乎一定要挖苦一下他才行。

「妳要怎麼想是妳的自由，我沒笨到那種程度就是了。再說到李常德，他必然是從某人那裡得到消息，才會認為我是警察，不然無法解釋他為何知情。在最近這陣子，會以為我是刑警的人，只有妳和許仲濤。」

「那你覺得是我還是他？」

「我只跟李常德見過兩次面，無法判斷他是在什麼時間點知情的。雖然第一次見面時，他曾經問過我的身分，但很難說他是不是故意那麼問的。如果那句話是假的，那就是許仲濤告訴他的，因為我在之後才來找妳，當時妳還沒見過我。而如果他的確不知道我是警察，那麼你們兩人都有可能會告訴他。」

「所以你覺得是誰說的並不重要。」

「沒錯，不管是妳或他都一樣。重點不是誰說的，而是李常德知道這件事。」

「就算李常德知道你是警察，那又怎麼樣？」

「那表示他不只是一個單純提供消息的人，更可能在事件中佔有一席之地。由於妳和許仲濤都是事件關係人，不論他是與你們兩人之中的哪個人聯繫，都讓他變得很可疑。他肯定與事件脫不了關係，也因此我更注意他的舉動。」

「就算如此，那也不代表他就是梁明瀚。」

「當然不止如此。他認為我是警察，這一點讓我對他起疑，也因此我決定設下陷阱，等著看他會不會上鉤。」

「陷阱？你還真是厲害呢。」

「如果設下陷阱就能取得線索，很划算啊。」

「無本生意當然划算囉。」

「謝謝妳的挖苦，不過這個陷阱也多虧妳的幫忙就是了。我特地在龐畢奇裡討論事件，故意把矛頭指向妳，這一點應該讓他相當緊張。」

「我？我可是有明確的不在場證明，不可能殺害伍英智。」

「但是妳承認見過梁明瀚，所以我說梁明瀚雖然沒有理由殺人，但是妳有可能因為農場裡發生的事情而產生動機，所以或許是梁明瀚在見過妳之後，被妳指使而去殺害伍英智的。」

「這說不通，我是在他殺人之後才見到他的。」

「我知道，我並不認為妳是幕後黑手，會這麼說只是想看看李常德的反應。結果效果奇佳，我想他是為了保護妳而亂了分寸，結果說出不該說的話。」

「他說了什麼？」

「我那時問他從哪裡知道伍英智的事，於是他順水推舟，先說他認識梁明瀚，之後又說梁明瀚曾經單獨去找過伍英智。」

「梁明瀚並沒有理由去找伍英智，讓這件事曝光不是反而更危險？」

「沒錯，他下的是一步險棋，畢竟除了他以外，沒有人知道梁明瀚去找過伍英智。不對，妳知道，但以妳的立場是不可能說出來的。如果他也不說，就無法再從其他人那裡得到這個線索。」

「那他為什麼要這麼說？」

「李常德當下沒有辦法判斷我的想法，大概一心只想著要說服我吧，而最後他的確是想到了一個方法。」

「什麼？」

「我想妳對自己的不在場證明相當有自信，知道再怎麼查都不會查到妳頭上，所以妳只承認梁明瀚曾經因為惡夢而去找妳，其他的事都沒有說出來。但是李常德並不像妳那麼有自信，我的誤導讓他以為妳已經是嫌疑犯之一了，要想點辦法才行。

「他想保護妳，所以必須轉移我的注意焦點。但是因為我的假設是妳指使梁明瀚殺人，一口氣就把你們兩人拉下水，所以除了證明妳的清白之外，他也不希望自己成為嫌犯。結果他想到一個非常合適的人選，試圖讓我以為那個人就是犯人。」

「誰？」

「簡安世。這是他所能想到最合適的凶手人選了，一來警方本來就鎖定簡安世，二來因為簡安世死了，所以往這個方向調查根本就是死路，不會有進展。不但能轉移焦點，也無法查出真相，的確是相當聰明的做法。」

「再怎麼樣也不能把罪推到教授身上吧，他明明就是被害者。」

白筠玲看似相當不以為然。

「我倒覺得那是很合理的選擇。為了導向這個結論，他必須提出案發地點的疑問，也因此他說出梁明瀚曾去見過伍英智。這麼一來，由於事件最後是發生在簡安世家中，表示他們曾經在這兩個地方見過面。假設梁明瀚是凶手，那麼為什麼不在伍英智家中犯案，而要特地去簡安世的住處？」任篤傑說道。

「這你剛剛也提過。」

「沒錯，是李常德讓我知道這一點的。他的用意很簡單，因為梁明瀚沒有理由找伍英智去簡安世家中，所以梁明瀚不會是凶手。會這麼做的人，就只有簡安世而已，正如警方原本的推測一樣。」

「很合理。」

「我的推理可以說明案發地點的謎團，真凶就是梁明瀚，這也從妳的話中得到證明。妳說梁明瀚來找妳，並且坦承他自己是凶手。光看這一點並沒有問題，但是如果考慮到李常德的證詞，那就變得很矛盾了。」

「為什麼？」

「如果梁明瀚是凶手，那為什麼要說出曾經去找過伍英智的事？他本來就沒有殺害伍英智的動機，而且也沒有人能將他們連結在一起。事實證明，警方也的確沒有將他視為嫌犯。毫無嫌疑的凶手，卻特地將他見過被害者的事說出口，這不是很矛盾嗎？唯一的解釋，就是李常德正是梁明瀚，所以他才會知道這個別人不可能知道的祕密。」

「原來如此。」白筠玲低聲說道：

「其實你無法排除那個微小的可能性，或許梁明瀚真的因為某些理由，而不得不將事情告訴李常德。」

「妳說的沒錯，這個可能性是存在的。不過除非真能找到那個理由，否則無法推翻更具可能性的說法，所以就算不是百分之百，也幾乎可以斷定李常德就是梁明瀚。」

「沒想到你相當厲害啊。」

「事實上還有更簡單的做法。」

「喔？」

「我只要帶簡汶淇去見李常德就行了，這是最直接了當的做法。雖然我看過梁明瀚的照片，但是李常德和以前的造型不同，我無法分辨。而交往過一年半的簡汶淇，一定可以認得出來，那會是最有力的證據。」

「你打算這麼做嗎？」

「我沒那個意思，我只是要找出真相而已。既然他要隱藏身分，那必然有他的理由，我沒興趣揭穿，因為我並不是為了破壞你們的計畫才來調查的。」

「但你一直在追究真相，不正是在破壞嗎？」

「這是兩回事，請不要混為一談。」

白筠玲看著任篤傑，片刻之後才說道：

「好，我會將我們的計畫全都告訴你。你可以保證不外流嗎？」

「抱歉，我不想簽這種空白支票。我不知道妳會說出什麼，所以無法保證，也不打算做出任何承諾。」

「你是個完全不吃虧的人呢，任先生。」

「我只是希望保有自己的判斷力而已。」

白筠玲微微一笑，然後說道：

「我就直接進入主題了。沒錯，梁明瀚在和我談完之後，對農場計畫感到興趣，寧願放棄他原本的生活而加入我們。教授因伍英智的攻擊而重傷，這件事讓我們非常震驚。實驗還在進行中，殺人事件的出現也在預期範圍內，但是再怎麼樣也想不到，被攻擊的人竟然會是教授。策劃整個實驗計畫的核心人物已經不在了，這對我們當然是非常大的打擊。

「但是伍英智並沒有殺死教授，教授因為失血過多而進行急救，雖然手術是成功了，但卻成為植物人狀態。伍英智並不清楚這一點，他一直以為教授已經死了，我們也沒有告訴他實話，所以在外面才會說他殺了人。

「事態發展至此，我們已經不知道該怎麼進行下去。應該放棄計畫，還是做出改變，那時我們花了很長一段時間在討論。我們在討論過程中處處碰壁，已經到了走投無路的地步。那時我們又更加發現，教授在農場計畫中的重要性。如果伍英智殺的是別人，如果教授還在的話，那我們也就不用這麼煩惱了。

「如果教授還在的話……那時，我突然靈光一閃，想到教授以前曾經提過的事。就是這個想法，讓我們找出了新的方向。」

白筠玲說到這裡，暫時停了下來。

任篤傑也趁這個時候，思考她剛才所說的話。

「他的確還在，只是已經變成植物人，但你們不可能無止境地等待他奇蹟似的好轉。」任篤傑說道。

「是的。我們的想法很瘋狂，就因為教授是植物人狀態，這個想法才有成真的可能性。」

「那是什麼？」

「我們決定取出教授的器官。」

「取出器官？」

「大腦、心臟、腎臟等等機能仍然正常的器官，如果還在教授的身體內，那就只能維持他的生命，無法發揮更大的功用。特別是大腦，我們最仰賴的就是教授的知識，如果能夠讓他的大腦獨立運作，那麼就算沒有身體，也能夠繼續提供意見。」

「讓大腦獨立運作？這種事情可以辦得到？太不可思議了吧。」

「我們一開始也很懷疑，但是你要知道，這是教授以前自己提出來的。他很希望能夠擺脫肉體的束縛，所以對大腦在脫離人體之後獨立運作的可行性，也做過相當程度的研究。同時，他也認識一些有能力將大腦取出並維持生命狀態的醫學團體。

「就因為這樣，所以我才會提出這個想法。不用你說，我也知道這很瘋狂，但是比起讓教授維持植物人狀態，那不如讓他的大腦發揮功用，我相信這也是教授的願望。」

「這根本就是殺人。他不是伍英智殺的，是你們殺的。」

「不，他的大腦還活著，他沒有死，當然不是殺人。」

「我不跟妳辯論，然後呢？」

任篤傑放棄爭論，雖然事態詭異，讓他感到很不舒服，但他仍然想儘快得知真相。於是他不再提出疑問，做了個手勢請她繼續。

「要如何跟教授的大腦溝通，事實上我們還沒有辦法做到，但至少取出他的大腦並維持生命狀態是成功的。如果大腦還在運作，那麼能夠溝通也只是時間上的問題而已，我們對未來的進展相當樂觀。

「但是不只如此，其實在這個過程中，我的腦中出現了一個更瘋狂的想法。我的情況跟其他成員不同，因為我做過心臟移植，並因此得到了徐瑜梅的記憶。那種將刀刺入別人身體的感覺，雖然我從沒做過，但卻意外地真實。

「所以我想到，如果我們將教授的心臟，移植到惡人身上的話，那麼是不是能夠改變移植者的個性，讓惡人從此向善？」

任篤傑目瞪口呆，這完全超出他的想像。取出簡安世的大腦並維持運作，就算不知道實際上是否可行，但至少在道理上是說得通的，還在可理解的範圍內。但是為了導正個性，卻讓心臟功能健全的人，被迫移植另一顆心臟？

「你們怎麼可以這麼做？我可以理解將大腦取出的想法，但是強迫健康的人進行心臟移植，這實在太瘋狂了啊。」

「我們只是替他們進行手術，並沒有殺人。換腎、換肝，都是因為原本的器官功能不正常，所以將壞的器官換成好的。同樣的，惡人的心臟也是因為功能不正常，所以才會導致他們擁有邪惡的人格。既然如此，那麼換一個好的心臟給他們，以糾正他們的反社會行為，不也是很合理的事嗎？」

「強詞奪理。」

「我只是在陳述事實，並不想做任何辯解。對於曾經移植心臟，甚至因此而殺人的梁明瀚來說，我的話讓他非常認同，所以他寧願放棄現實生活，加入我們的計畫。你沒換過心，不知道那種感覺，我和梁明瀚都有過，這就是我們之間的不同。」

任篤傑不得不承認，白筠玲的說法雖然超現實，但的確能夠合理說明梁明瀚為何會加入他們。預測犯罪不像是梁明瀚有興趣的分野，如果和心臟無關，那麼梁明瀚就沒有理由認同他們了。反過來說，正是因為心臟讓他落得成為犯人犯的地步，所以他會熱衷於這個計畫，也是可以說得通的。

「他加入你們的計畫，實際上做的是什麼事？他並不是科學家，也不曾進行過研究，他對你們能有什麼幫助？」任篤傑問道。

「他負責去找心臟的捐贈者和移植者，為了證明心臟移植的確能夠改變個性，我們需要觀察大量的案例。他會去找那些對生活厭倦的獨居者或遊民，調查他們的個性和意願，如果有想死的人，那我們會幫助他們安樂死，然後再取出大腦和心臟等有用的器官。

「至於犯罪者倒是簡單多了，他對這些人倒是相當殘酷，會趁他們落單時直接擄來，等他們醒來時就已經換好心臟了。雖然他看起來似乎嫉惡如仇，諷刺的是他自己卻也曾經殺過人。相當奇妙，不是嗎？」

白筠玲輕描淡寫地說道，雖然那中間的情景讓人不寒而慄。

「那些換心的犯罪者我先不管，但是被迫捐出心臟的人呢？這樣還不算是殺人？」

「我們是在幫助他們。」

「又在強詞奪理。」

「任先生，你知道有多少人願意在沒有痛苦的情況下死去嗎？一個人孤獨地過著生活，沒有錢，沒有家人，沒有朋友，沒有一個真正的落腳處。不知道為什麼活著，卻又不想自殺。辛苦了一輩子，老了以後還是什麼都沒留下，只是變得更不中用而已。

「如果你去問他們，所有人都會告訴你，早就想過是不是快點去死會比較輕鬆。反正這一生就這樣了，也不可能變得更好，何必再繼續痛苦下去？同時他們也會告訴你，如果能夠死得毫無痛苦，那他們會非常願意這麼做。」

任篤傑沉默了，這種事根本不需要白筠玲這個小姑娘來告訴他。他看得太多了，非常清楚社會上有非常多這樣的人。

「我們殺了他們？不，他們的心臟還在跳動，記憶被其他人繼承，他們還活著。」

任篤傑總覺得不太對勁，這一切雖然合理但卻過於殘酷。白筠玲心平氣和地說出這些話，但她是進行科學實驗的研究者，而不是狂想家，曾經見過好幾次面的任篤傑對這點非常清楚。這個駭人聽聞的計畫和她的形象並不吻合，這才是任篤傑覺得最奇怪的地方。

「如果你沒問題的話，那就到此為止吧。我已經全都說了出來，梁明瀚是出於他自己的意願決定離開原本的人生，並沒有被逼，也沒有被殺。你決定怎麼做？強迫我將他交出來，逮捕後讓檢察官起訴？」

任篤傑還在思考，沒有回應。

「我剛才已經說完了。」

白筠玲說道，任篤傑搖頭。

「我很難相信妳所說的。」

「你要我說出計畫，而我說了，你卻又不相信。」

「從過去談話的經驗，我很難完全信任妳，更何況妳又說了一個非常異想天開的故事。」

「不相信總該有個不相信的理由吧。」

任篤傑還是搖搖頭。他隱約感覺到有不對勁的地方，但是一時之間無法說出究竟是什麼。剛聽完這個瘋狂的計畫，對他造成了相當程度的衝擊，目前仍在五里霧中，還抓不著重點，他需要再多一點時間思考。

「如果你沒事了，那請離開吧。」

白筠玲站起身，已經表現出送客的態度了。

「我還不知道為什麼，但我不相信農場計畫真的是如此。請妳說出真相，不要編這種故事出來搪塞。」

「你根本無法反駁我。」

「這麼荒謬的故事不能說服我，我想聽到的是真相。」

白筠玲沒有立刻回應，不知在考慮什麼。過了好一段時間，才說道：

「真相有這麼重要？」

「我都已經調查到這裡了，不可能就這麼查到一半。」

「既然如此，你是不是也應該說實話了？」

「什麼實話？」

任篤傑一愣。

「你是誰？」

白筠玲犀利的眼神看著任篤傑。

任篤傑一時反應不過來，片刻之後才回答：

「我現在的確不是警察，但我的偽裝也只有如此而已。」

「是這樣嗎？」

「是真的。」
「不，當然不只是這樣。」
「妳的意思是？」
「你剛才很乾脆地就說出你不是警察。」
「這是事實。」
「因為你早就認為我已經知道了，對吧。」
「沒錯，李常德必然會通知妳，妳不可能不知道，所以我覺得也沒有必要裝模作樣。」
「你不是警察，但我知道你是誰。就像你剛才揭穿李常德的身分一樣，我也是很久以前就見過你，一直到剛剛才發現。」
「喔？」
「我曾經因為做夢的關係，去偵探社委託調查心臟的捐贈者。」
任篤傑微微皺著眉頭。
「沒錯，你就是那位偵探。」
對任篤傑來說，被揭穿身分並不是什麼嚴重的事，不過他還是很好奇，到底是在什麼地方被發現的。
「妳的根據呢？」
「我的確說過，曾經因為惡夢的關係而去委託調查，但是你剛剛卻說我是去委託『偵探』調查。」

白筠玲在「偵探」兩字上特別加重語氣。

「委託調查有很多種情況，我可以找朋友，也可以找同事，為什麼你知道我是去找偵探？如果你不是偵探，怎麼可能會知道？」

「或許是因為我找到了那位偵探才取得這項情報。」

「除了我自己以外，根本沒有人知道我去找過偵探，請問你要怎麼將我和那位偵探連結在一起？」

「妳確定都沒有人知道？」

「我從未向任何人提起，對保密也很在行，並不認為會有人趁我的不注意而發現這件事。簡單的說，你不可能知道我去找過偵探，並因此去找他調查。你就是偵探本人，才有辦法解釋你的情報從何而來。如果你不是偵探，請問你是從什麼管道得知我去找過偵探的？這應該稱不上是不能回答的機密吧？」

「如果我說是那位偵探知道我在調查這個案子，所以主動向我提起妳的情報呢？」任篤傑問道。

「所以你們一直都有聯絡？」

「我會放風聲出去，知道消息的人就會主動來找我。」

「既然如此，那我們不妨去找那位偵探吧。對了，我的手上還有他的電話，要不要現在打？說不定會在意外的地方響起電話鈴聲呢。」

任篤傑苦笑，他並沒有否認的理由，只是想看看是不是會被逼到啞口無言的程度。白筠玲能夠注意到這點，的確相當聰明。

「好吧，我也不打算辯解。我給過妳電話，妳應該比對過吧。」

「沒有，我是在剛才的談話過程中發現的，還來不及去比對。」

「喔？妳可是表現出一副胸有成竹的樣子。」

「因為我覺得不換電話的可能性很高，而且有時也是需要虛張聲勢的。」

「很聰明。」

「你沒有想過要用不同電話？」

「我並沒有必要隱瞞身分，也不是幹壞事，何必用兩支電話。」

「說的也是。對你來說可能算是好運吧，我並沒有將你的電話輸入手機裡。不然的話，當你打電話來的時候，我應該會很驚訝，為什麼那個偵探要打來找我。」白筠玲說道。

任篤傑忍不住笑了出來。

「那樣的話就太可笑了。」

「你承認了嗎？」

「我的確就是那位偵探，這點妳是對的。」

沒錯，任篤傑的確也在從事偵探工作，目的同樣是為了賺錢。不過他主要還是在買賣情報，偵探工作並不是那麼常做。

「你從一開始就認出我嗎？」白筠玲問道。

「不，那已經是兩年前的事了，而且那時也只見了兩次面而已，時間都很短，剛開始並沒有記起來。對了，妳那時候是短髮吧，跟現在也不一樣。」

「嗯，因為夢中的女子是長髮，我不想跟她一樣，所以就去剪短了。其實我也是，都已經過了兩年，而且你那時戴了眼鏡，造型和現在不一樣，所以也沒發現。不過你聽到我的名字的時候，也沒有想起來嗎？」

「沒有，那可是兩年前見到的名字，那麼久以前的事了。再說妳的名字只是用來查出捐贈者，之後都在調查他們的事件，用不著去記。而且調查也才花了幾天而已，後來都沒有再出現過，我的記憶力可沒這麼好。」

兩年前，任篤傑的調查過程是先找駭客查出白筠玲的心臟捐贈者徐瑜梅，然後再從徐瑜梅去查出她的死亡事件。雖然也同時查到了潘信忠，但他並沒有再去調查潘信忠的心臟是捐給誰，也因此並沒有見過梁明瀚的名字。

當時他在筆記本裡寫下白筠玲的資料後就收了起來，然後拿給駭客調查時，他也沒有再多看一眼。畢竟那個名字對他來說並不重要，只要能夠查出捐贈者就好了，所以根本就沒記起來。再加上那時也沒有從潘信忠去查到梁明瀚，所以任篤傑一直都沒能將那次調查與現在的白筠玲連結在一起。

另外他是從一年前開始跟小紀合作，兩年前的駭客是別人，也因此小紀是第一次幫他調查心臟移植的捐贈者，不會知道他以前曾經調查過。

「那你是到什麼時候才想起來的？」

「我去找駭客調查妳和梁明瀚的心臟移植記錄以後，得知你們在同一天移植，而且捐贈者也是在同一天死亡。這個時候，我才有一點印象，想起以前好像查過那個事件，回去找出檔案以後才真的確定。」

「既然如此，你為什麼不說出來？」

「我已經偽裝成是刑警了，難道要我自打嘴巴嗎？」

「說的倒也是，而且那樣你就失去調查的動機了。」

「的確是。」

「這也是我最大的問題。」白筠玲說道。

「喔？什麼問題？」

任篤傑對白筠玲的話感到疑惑。

「事實上，我的重點並不在於你的身分，你是不是接受我委託調查的那位偵探，其實一點都不重要。而且看來你根本也不在乎被揭穿身分，畢竟那對你一點損失都沒有。我的問題在於你的動機，你究竟為什麼要調查？

「如果你是負責偵辦這起案件的刑警，那麼理所當然有必要調查。但是現在並不是，你只是前刑警，根本沒有調查的理由，卻還是花了這麼多時間，究竟是為什麼？」

任篤傑沉吟，沒有馬上回話。

「你應該不會是要說，你也想要離開現實生活吧？」

「不，不是這樣。」

任篤傑苦笑。

「那是為什麼？」

「如果我不說，妳也不打算將農場計畫的真相說出來吧。妳在這時提起這件事，是想根據我說出的內容來威脅我？」

「如果雙方都不開誠佈公，那也沒有什麼好談的。而且你又不是警察，只是個普通老百姓，我有什麼理由說出我們的計畫？」

「醜話說在前頭，再怎麼說我也當過警察，很多朋友都還在當差，我可以把所有的事情告訴他們，讓他們去調查。」

「沒有必要做到這個地步，不是嗎？如果真的走到那一步，那我們可以毀掉整個農場，讓你永遠都得不到真相。那對雙方都沒有好處，我不認為你真的願意這麼做。」

的確，白筠玲說的沒錯，任篤傑沒有必要這麼做。他只是在思考，是不是真的要說出來。白筠玲沒有說話，她要講的都已經說完了，接下來，就看任篤傑的決定了。

他可以編個藉口，不見得要說實話。不過他也在想，那應該是騙不了白筠玲的吧。

任篤傑嘆了口氣。

「我的想法很瘋狂，如果妳想聽，那我就告訴妳吧。」

「洗耳恭聽。」

「我想知道，記憶是不是真的能夠透過心臟移植而被繼承。如果是肯定的，那我就去簽器官捐贈同意卡。」

「為什麼要有這個前提才能簽同意卡？」

「我的妹妹遇到車禍，現在是植物人狀態。如果有一天我發生意外，而且能夠捐出心臟的話，我希望移植者也可以繼續照顧她，這就是我的動機。」

「我不懂，你說的是什麼意思？」

白筠玲的表情看來相當疑惑。

「妳知道我以前是警察，但是知道我為什麼辭職嗎？」

「不，昨天李常德通知我以後，我有想過要查出你的真實身分。只是你的動作太快了，今天就來找我，我還來不及去調查。」

「我會辭職，是因為我的妹妹。她遇到嚴重的車禍，雖然撿回一命，但是卻成了植物人。我要照顧她一輩子，但是她在護理之家接受長期照護，會有一筆固定的開銷。而且不是只有現在，考慮到她的未來，我必須多存一點錢才有辦法支付。當警察賺不了什麼錢，所以我辭去工作，憑著過去的關係在外頭討生活。」

「你們沒有親人嗎？」

「全都過世了。」

「原來如此。」

「她比我年輕十歲，所以應該會是我先走，到時就沒有人能夠照顧她了。」

「沒有考慮交給別人嗎？」

「如果我真的準備了一大筆錢，讓某個人在我死後去照顧她，也難保那個人不會見錢眼開，到最後就把錢給捲走了。再怎麼說，有義務照顧我妹妹的人也只有我，對其他人來說都只是累贅而已。」

「所以你認為如果像我們這些心臟移植者一樣的話，你的意志就能夠傳達給下一個人？」

「那是個機會，總是可以試試的。」

「但你為什麼非要查清楚我們的案例不可？直接簽下器官捐贈同意卡不就好了？這並不衝突吧。」

「因為我本來並不贊成器官移植。」

「喔？為什麼？」

「最主要的原因，是我並不知道會是誰得到我的心臟。如果是好人也就算了，但如果是個為非作歹的人呢？我當警察當了十多年，看了太多惡棍。雖然我管不了別人的心臟要不要捐贈，但如果不該活下去的生命卻因為我的心臟而得到延續，那我並不願意。」

「就算有可能可以救到好人？」

「惡人造成的為害更大，你們在進行的計畫正好是預測犯罪，我想妳應該可以理解。」

「我並不反對你的想法。」

「只是沒想到你們卻出現了，而且明確地繼承了捐贈者的記憶。雖然不可思議，但卻是千真萬確的案例。這讓我得到了靈感，如果我的心臟也能夠發揮同樣的作用，那麼我就能夠在死後透過另一個人去照顧我妹妹，就像是我親手照顧她一樣。也因此我想要查清楚所有的事，如果能夠說服我，那我就去簽同意卡。」
「的確很瘋狂，雖然沒有我想像的瘋狂。」
「妳是怎麼想的？」
「我以為你會瘋狂到將別人的心臟移植到你妹妹的身上，賭賭看會不會甦醒，而會來找我們也是為了這個。」
任篤傑大笑。
「再怎麼樣那都太誇張了，我從來沒有這種想法。」
「同不同意器官移植是你的自由，我也沒有意見。而關於希望將自己的意志傳遞給下一個人，我是可以理解你的想法。」
「妳能理解嗎？」
「畢竟我是當事人啊，在我的身上就出現了這種現象。」白筠玲說道。
「我的動機，就只是這樣而已，是個非常自私的想法。」
「你打算怎麼做？」
「我會存下足夠的錢，放在只有我知道的地方。如果移植者真的繼承了我的記憶，他或她會知道去哪裡拿那筆錢。」
「拿到錢之後，就一定會照顧你妹妹？」
「如果真的能夠繼承記憶，那應該也沒有理由不去照顧她。當然我還是會事先安排好，將她安置在合適的地方，只是如果可以的話，我仍然希望是自己來照顧她，會比較安心一點，所以才會想用心臟移植來做為保險。」

連任篤傑自己都覺得荒謬的動機，他本來並不想說出來。只是由於情勢所逼，他也不得不說出口。只不過他並沒想到，因為多了這些時間讓他思考，他已經能夠反駁白筠玲剛才的說法了。

「我說完了，現在輪到妳了吧。」

「你不相信我說的嗎？」

「除了梁明瀚加入你們之外，其他都是假的。把好人的心臟挖出來，裝到壞人的身體裡？這種科學怪人般的故事是沒辦法說服人的。」

「你的理由呢？」

「我不否認這個故事的確有著某種程度的說服力，如果只用在特例上，那麼或許我有可能被說服，但是既然是妳所說出來的，那就必須考慮到更多的情境才行。」

「什麼意思？」

「農場計畫是火星移民計畫的延伸，成功的情況下，最後是要用在火星移民上。既然如此，就不可能研究只能適用在單體上的計畫，那太缺乏效率了。」

「缺乏效率？」

「就像你們原本的計畫，以電腦系統來監測與分析所有人體的數據，像這樣以全體為考量的實驗，才是你們會考慮進行的。以心臟移植來改變個人的行為，就算這個想法曾經出現在你們的考慮中，也絕對會被否決，不可能真的進行。

「更何況這種做法一方面為健康的人進行心臟移植手術，另一方面又幫助沒有求生意志的人安樂死，先不管是否合法，但在道德層面上絕對會造成非常大的反彈聲浪。私下進行倒也罷了，如果真的成功，又怎麼可能用在龐大的火星移民計畫上？

「所以我很確定妳剛才說的都是謊言，而妳的目的也很清楚，就是不想說出真正的計畫，而想用這個看似瘋狂但卻又具有說服力的說法來掩人耳目，打算這樣唬弄過去。」

「看來沒那麼容易騙過去呢。」白筠玲回答。

「妳還是不打算說嗎？」任篤傑問道。

白筠玲沒有立刻回應，不知在考慮什麼。

「如果我不說，你打算怎麼做？」

任篤傑想了一下。

「我不是警察，沒有權力可以要求妳說明，所以其實也不能怎麼辦。我已經說出一切的事了，就看妳願不願意告訴我真相了。」

「如果你可以保密的話，那我就告訴你，關於農場的真相。」

白筠玲又再次提出同樣的要求。

任篤傑可以理解她想要保密的心情，但就像他剛才說的，他並不想無條件的答應對方，以免當事情遠超出想像的時候，會陷入是否必須違背承諾的困境。

不過現在的情況已經不同了。

他已經說出了一切，而白筠玲也承認剛才所說的都是謊言，所以大概不會再有其他的偽裝，只剩下農場計畫的真相而已吧。

已經過招了這麼久，終於進展到這個階段，應該也夠了吧。

任篤傑點了點頭，說道：

「絕對守口如瓶。」

白筠玲輕輕吸了口氣，緩緩說道：

「讓善良的心臟獨自存活，並影響農場裡所有的人，這就是真正的計畫。」

## 3

「心臟移植對我和梁明瀚都造成了影響，捐贈者的過去變成了夢境不斷出現。只是他被影響的更為嚴重，最後甚至因而殺死伍英智。相較之下我的程度就輕微許多，可能因為我本來就比較理性，所以在確定心臟移植所帶來的後遺症之後，很快就接受了自己的處境。

「不過我並不是沒受到影響，因為想法已經出現了重大的變化。由於我很清楚自己得到了捐贈者的記憶，事實勝於雄辯，所以原本的觀念被改變了。我開始能夠接受非科學的說設，這在以前是無法想像的。」白筠玲開始說明。

「什麼假設？」任篤傑問道。

「人的靈魂，寄宿在心臟裡。」

任篤傑對這論點並不陌生，以前寇公也曾經提起。

「委託你進行調查，是兩年前的事。在那之後，除了平常的研究計畫，我就是在思考心臟與靈魂之間的關係。當然並不只是科學與偽科學而已，哲學層面的議題也都會接觸到。

「我也跟簡教授討論過這些事。教授是一名想法開放的學者，他聽了我的想法以後，不但沒有反對，反而提供了不少意見。當時已經在著手進行預測犯罪的農場計畫，各項硬體設施與軟體系統也都已經照著本來的計畫在設置與開發，不過我還是會去思考如何將心臟與靈魂放入計畫中，有想法之後就會和教授討論。

「當然了，那些想法都非常異想天開，就像是科幻故事一樣，不見得能夠成真，也可能需要更長時間的科技發展才有辦法完成。而且因為農場計畫已經在進行了，所以我的想法都只在理論階段而已，並沒有真的進行實驗。

「簡教授的意外死亡，是計畫發生變化的開端。教授是計畫的核心人物，但是農場已經開始運作，資料收集與系統建置也都在進行中，研究成員都有自己負責的部分，並不是少了教授的指揮，整個團隊就不能繼續下去了。雖然教授的學識是支撐計畫的主要支柱，但對我們來說，更重要的其實是他的精神。」白筠玲說道。

「精神嗎？」任篤傑喃喃說道。

「教授是我們的精神指標，他的溫厚寬容總是能夠影響整個研究團隊的氛圍。如果教授的精神能夠長存，那麼就算他不幸逝世，農場計畫也必然可以順利進行下去。這個想法，最終影響了我們的計畫。

「教授和我曾經就心臟與靈魂的議題交換過不少意見，也思考過很多種實驗方式，但那都是我在平常工作之外的個人研究，並沒有打算要用在農場計畫中。但由於教授的死亡，意外讓本來只是空想的計畫出現實行的契機。

「我剛才也說過，我們掌握了讓器官獨自存活的技術。在簡教授被殺害以後，立刻就進行手術取出他的心臟，並使用儀器維持生命狀態。簡教授並不是成為植物人狀態，而是真的死了。如果他還活著，我們當然不會做出這種殺人的行為。

「教授已經腦死，所以我們並沒有取出他的大腦。不過因為我相信靈魂是在心臟中，所以大腦就只是一部計算機，已經沒那麼重要了。」

「取出心臟，又能做什麼？」

白筠玲的說明讓任篤傑充滿疑問。

「如果大腦是意識的中樞，能夠像科幻小說裡面一樣，獨立進行運算處理的話，那麼取出後當然能夠有用處。但是心臟呢？心臟是輸送血液的幫浦，對人體的存活有著最直接的影響，但離開人體之後，卻也只不過是肉塊，毫無用處，不是嗎？」任篤傑問道。

「從這個角度來看的話，的確是如此。」白筠玲回答。

「所以不能從這個角度來看？」

「我們會取出心臟，讓它獨自運作，所著眼的當然不會是表面上的機能，而是其中所蘊含的更深層的意義。」

「什麼意義？」

「靈魂。」

「靈魂？」

「如果靈魂就在心臟裡，那麼讓心臟獨立存活也就具有新的意義，因為那等於是保留了人的靈魂，讓靈魂不會因為生命殞落而消逝。大腦代表思維，那麼心臟就代表靈魂，分別具有不同的意義。對我們來說，靈魂是無可取代的，重要性當然更甚於大腦。」

「但保留了人的靈魂，那又是為什麼？」

「為了對環境造成影響，讓善良的靈魂發揮影響力，去改變周遭的人，消弭原本可能出現的犯罪行為。」

「讓靈魂去改變其他人？」

「環境的影響總是巨大又顯著。就算是罪犯，身處在眾多心地善良的人當中，或許也有機會改邪歸正吧。只是人的影響力總是有形的，必須接觸到良善的行為舉止，才有可能因此被影響。如果能夠不是有形，而是在無形中被影響的話，不是更有效率嗎？人是有形的，而靈魂是無形的，只要能夠讓靈魂發揮影響力，那麼就能夠更有效地改變人們了吧。

「農場計畫的目標是預防犯罪，用電腦系統根據各項資料來進行管理，這只是一種方式。但是在知道靈魂存在於心臟中之後，以靈魂來進行無形的影響也變成另外一種可行的方案。於是我們取出善良的心臟，讓心臟獨立運作，讓靈魂永存，讓這些善人一起來影響與改變環境。」

白筠玲說到這裡，任篤傑終於得知農場計畫的真相了。

農場計畫仍然在進行，只是方式和原本的資料分析不同。他們更進一步，從觀測人的外部行為與生理反應，改變為從內在去讓人們向善。

「原來如此，這就是梁明瀚加入的原因吧。」

「沒錯。如果是原本的計畫，他是不會有興趣的。但是就因為他也是心臟移植者，有著親身的經驗，所以可以接受靈魂在心臟中的說法。在我們談完之後，他表示認同我們的計畫，也自己提出希望能夠加入。」

「你們是怎麼做的？就只是把心臟擺著？」任篤傑問道。

「我們試了很多做法，例如其中一種方式是用電流刺激心臟，讓它發出微弱的電波，並透過儀器增幅，最終發射到整個實驗環境裡。另外也測試了很多不同方法，例如磁場與各種波長的光線等等，但都還在實驗階段而已，我們也還有很多想法在等著執行。」

「實驗還沒成功？」

「從開始到現在還不到一年，時間不夠長。環境的影響可能無法在短期間呈現出顯著的成果，我們還在觀察。」

為數龐大的心臟，每一個都放在方盒裡，浸泡在維持生命的液體中，無聲地跳動著。錯綜復雜的電線連接著儀器與方盒，傳送電流至心臟以激發反應。實驗室裡安靜無聲，那裡存在的並不只是心臟，而是許許多多的靈魂……

任篤傑光是想像那個場景，就覺得毛骨悚然。

「心臟是怎麼來的？」

「梁明瀚自願負責這部分的工作。他捨棄了原本的身分，使用假名來行動。他會去找那些風評很好但因病即將死亡的人，跟他們談話，勸他們簽下器官捐贈同意卡。然後再和醫院合作，針對願意捐贈的人，在死亡以後立刻取出心臟並送來農場。」

「你們沒有去找那些想死卻還很健康的人，幫助他們安樂死？」

「目前沒有。」

「意思是以後有可能？」

「我無法做出保證，只能說現在沒有這麼做。」

「我不覺得這是個好主意。」

「我會將你想法做為參考。好了，你已經聽到了農場的真相，你剛才保證會保守祕密，我可以相信你的話吧。」白筠玲問道。

「當然是說話算話。」

「那梁明瀚的殺人罪呢？你也不追究了？」

任篤傑點頭。

「我既然說會保守祕密，自然也包含了這一項。而且我認為，他的殺人罪最終也是無法成立的。」

「怎麼說？」

「他和伍英智不認識，沒有殺人的動機。沒有目擊者，沒有證據，除非他自白，否則沒有人有辦法逮捕他。就算逮捕好了，檢查官是否採用他的自白也是個問題。就算真的上訴，法官也不見得有辦法判刑。假設真的一切都很順利，法官相信是他殺人，但他只要堅持是意外，並不是預謀殺人，也不可能判刑太久。

「但如果他為你們工作，能夠協助預防犯罪的計畫，那反而更有幫助。與其讓他在牢裡待個幾年，我認為讓他為社會有所貢獻會更有價值。」

「我相信這對大家都有利。」

「對了，許仲濤呢？」任篤傑問道。

「許仲濤在農場，就跟其他人一樣，沒有什麼值得一提的。」

「既然他希望過著那樣的生活，那也算是得償所願了。」

這時，任篤傑想起了失去父親卻只能苦苦等待的簡汶淇。

「簡安世死了，你們並沒有通知簡汶淇，而且還騙她說是失蹤。」

「我們對她很抱歉，但是卻不得不這麼做。」

「這樣好嗎？」

「現在的實驗方法並不是我一個人想出來的，教授也有參與。當時並沒有心臟可用，所以都還在思考的階段而已，也沒有真正付諸實行的時間表。但是教授說過，人不知道什麼時候會發生不測，萬一有一天是他出事，他表示可以取出他的心臟來做實驗。

「不要誤會，他並不是在往自己臉上貼金，認為自己就是善良的人。他只是覺得他的心臟可以用來進行靈魂存在與否的實驗，所以同意在死後讓我們運用他的心臟，也要我們不要通知他的家人。只是當時並沒想到竟然會這麼快就出事，我們也只能遵循教授生前的囑咐，照著他的想法去做。」

「永遠都不讓簡汶淇知道真相？」

「很遺憾。」

「是嗎？」

任篤傑覺得這對簡汶淇很不公平，但他其實沒有什麼立場可以說話。如果簡安世真的這麼決定，那就這樣吧。

「你已經知道了我們的計畫，雖然這對你是否要捐贈器官可能沒什麼幫助。」

「無所謂，我還有時間可以慢慢思考。」

「我本來以為你會調查這個事件，是想要進入農場。」

「不，我對當農夫沒有興趣，倒是很好奇農場在哪裡。」

「在一座山上，詳細的位置不能告訴你。」

「那太可惜了，我很想看看放置心臟的地方會是什麼樣子。」

「或許你會看到每個心臟旁邊都站著一個半透明的人，這樣你也想看嗎？」

「妳看過嗎？」

「沒有，那倒是相當遺憾。」白筠玲說道。

任篤傑並沒有想到她會有這種反應，反而覺得驚訝。

「遺憾？那明明就是很恐怖的場景吧。」

「不，如果我能看見那些靈魂，那就代表靈魂的確寄宿在心臟裡，證明我們的假設是正確的，也更有理由繼續進行實驗。」

「原來如此，雖然是很毛骨悚然的事，不過妳說的也是相當有道理。也許妳可以找個有陰陽眼的人去看看，說不定馬上就能得到答案。」

「希望將來管理中心裡有這樣的人，不過目前還不能讓外人進去，那裡本來就不是給人參觀的地方。」

「這不意外，所以我也沒提出這個請求。」

「有時候你還是滿通情達理的。」

「是啊，有時候。」

「那你還有別的問題嗎？」

「沒有了。」

任篤傑準備要離開，不過此時他突然想到一個問題。

「妳還會做惡夢嗎？」

「不，不會了。」

白筠玲搖頭。

「正好是從聽完你的調查報告那天開始，我就已經不再被那個惡夢糾纏了。」

「那太好了。」

「如果沒有去找你調查的話，或許我會一直做著那個惡夢。」

「雖然不知道妳的心臟在想什麼，不過總之就是太好了。」

「是啊。」

白筠玲露出了笑容。

## 4

星期日晚上十點，任篤傑來到龐畢奇酒館。

他很久沒來了，應該超過半年了吧，最近忙到連悠閒喝酒的時間都沒有。他突然有點想念這裡的氣氛，於是就過來了。

裡頭的人不多，空空盪盪的，看起來相當冷清。星期日晚上的人都這麼少嗎？任篤傑想到，這還是他第一次在這個時間來到這裡，所以也無從比較起。

任篤傑看見老闆在吧檯裡，舉起手打了個招呼，老闆也點頭做為回應。

他挑了電視正前方的座位，坐了下來。

服務生走過來遞上菜單，他隨手翻了一下，點了燻雞三明治和啤酒。

餐和酒都還沒來，他什麼事情都沒想，就只是全身放鬆地看著牆上的電視。電視上在播著不知是哪個國家的足球，連播報員都是外國人，完全沒有中文轉播。他對足球沒什麼興趣，連世界盃時都沒在湊熱鬧，但是倒也很久沒看足球了，偶爾看一下還滿有趣的。

然後，有個人站在他的旁邊。

任篤傑轉頭朝上看向那個人。酒館裡這麼空盪，還有很多其他的位子，會特地走來這裡，必然是要來找他的。

那是一名中年男子，任篤傑對他的長相並不陌生。他覺得以前應該看過，但一時間想不起來是什麼人。

「任先生，好久不見了。」男子笑著說道。

任篤傑看著他，努力搜尋記憶。

「我可以坐這裡嗎？」男子問道。

任篤傑點頭並做了個手勢，於是男子拉開椅子，坐了下來。

這個男人，這間酒館，他第一次來時坐在吧檯，點了同樣的餐，跟老闆談話，看著電視，見到李常德。

突然間，他的記憶爆發開來，他想起來了。

「許仲濤。」

「你的記憶力真不錯，我們只見過一次面而已。」

「我沒想到還會再看到你。」

「我也很意外會在這裡看到你。」

「還有我也沒想到你會跟我打招呼。」

「難道會在這裡遇見，不打聲招呼實在說不過去。我並沒有想要考驗你的記憶力，剛才已經打算報出名字了，你還記得反倒讓我很驚訝。」

「當初如果不是因為你的出現，我也不會開始調查，事件可能就不會有後續的發展，大概會一直這麼塵封下去吧。」

「所以那時我突然失蹤，應該讓你很訝異。」

「如果我站在你的立場，也不可能會跟警察聯絡就是了。雖然我已經不是警察了，沒資格說什麼。」

「請見諒，一般人不會想跟警察扯上關係，能離多遠就離多遠。」

「當初還拿槍指著你的頭呢，現在想想那麼做實在滿過分的。」

許仲濤笑了。

「偏偏是在闖空門的時候被抓包，我可是嚇到心臟都快跳出來了。一輩子大概就那麼一次吧，也算是難得的經驗了。」

「農場計畫結束了？」任篤傑問道。

「不，還在進行中。」

「那你為什麼會回來？應該不是離開了吧？」

「沒有，我還在參與計畫，只是已經不在農場裡工作。現在李常德負責的部分由我接手，所以就回來了。」

任篤傑覺得不太對勁，許仲濤不應該是屬於可以得知計畫真相的人。如果他之前所得到的情報是正確的，那麼許仲濤只不過是在農場裡被觀察的對象之一，應該連預測犯罪那一層計畫都不可能知情的。

不過他現在更想問的是李常德的事。

「李常德怎麼了嗎？」

「兩個月前，他的心臟突然發生問題，沒辦法維持機能。雖然緊急住院，但是沒能等到移植手術，就已經撐不下去了。」

「死了？」

「嗯。很可惜，他是個很有才能的人。」

心臟移植手術的存活率當然不是百分之百，就算手術成功，也不見得能夠永遠保持正常的狀態。

「病發之前都沒有前兆？」

「這我就不知道了，因為我也是在他死了以後才知道消息，不然本來在農場裡是不會碰到面的。」

「結果他們找你去接下他的工作？」

「對。」

「但我以為你只是在農場裡工作，並不是研究團隊的成員。」

任篤傑提出了這個疑問。

「沒錯，我的確都是在農場裡根據管理者的安排在做事，所以當他們找上我的時候，我也覺得很驚訝。」

「你本來完全不知道農場其實是在進行預測犯罪的計畫吧。」

「不知道。」

「為什麼要找上你？」

「因為當初是李常德找我去農場的，可能就是這層關係，才讓他們想到要來找我問問看有沒有興趣。」

李常德的工作是在尋找可用的心臟，而不是找人去農場。這麼說來，那他當初會找上許仲濤，倒變成是相當反常的事了。

「李常德很少找人去農場嗎？」任篤傑問道。

「好像只有我而已。」

「那的確不是他的工作，感覺滿奇怪的。當初李常德是怎麼對你說的？」

「並沒有什麼特別的。」

許仲濤將當初在酒館裡和李常德的談話，大致說明了一遍。

「你有什麼想法嗎？再怎麼說，他邀你的速度都太快了些，而且那也不是他的工作。是因為你說了什麼話，才讓他那麼做的？還是你那時已經查到足以威脅到他的線索？」

「其實我本來沒有想太多，是後來才知道只有我是他找去的。我是覺得奇怪，也思考過為什麼。後來知道他就是梁明瀚，而且是殺死伍英智的人之後，我才恍然大悟。」

「怎麼說？」

「因為在龐畢奇見到他的時候，我剛從趙正航那裡得到線索，接下來唯一能找的人，就是簡汶淇了。」

「你那時還不知道是白筠玲打電話給伍英智的。」

「對，我不知道有白筠玲這個人，還以為是簡汶淇，甚至還想找她去酒館，想看看是不是有機會可以得到什麼線索。」

「李常德不可能讓你這麼做，他不能跟簡汶淇見面。」

「沒錯。雖然我沒察覺，但那時的確有威脅到他。所以他只是想將我的注意力轉移方向，不然那時候我只剩下那條路，一定會去找簡汶淇。」

「這樣就說得通了。」

任篤傑當初就覺得奇怪，許仲濤並不特別，實在沒有理由被找去農場，原來還有這麼一層原因。

「我的運氣很好，如果不是這樣，或許他不會找我。」

「你不後悔去了農場？」

「我很慶幸能夠去。」

「在農場裡的生活怎麼樣？」

「每天就是工作，不是在農田就是在牧場，沒什麼特別的。」

「就算所有的一舉一動都被監視，也沒有差別嗎？」

「在自己的房間裡還是有隱私的。」

「也只限於自己的房間吧。」

「這個社會不也是一樣嗎？馬路上，大樓裡，餐廳，電梯，到處都有監視器。車上有行車記錄器，人手一台智慧型手機，無時無刻都在拍照或錄影，所有人的一舉一動全都被記得清清楚楚。除了自己家裡，沒有任何安全的地方。大家只是不去在意而已，反正也改變不了，所以乾脆不去理會。就算在農場裡被監視又如何，根本就沒有差別，反而資料被收集之後進行研究，說不定還能對計畫派上用場。」

這是個充滿監視目光的世界。

如果現在這個時候，有人偷偷拿手機在錄影，非常有可能是不會被發現的。儘管隱私已經被侵犯，但卻也無能為力。

「你像他一樣改名了嗎？」

「不，沒那個必要，我並不像他曾經殺過人，沒有什麼必須隱藏的過去。就只是離開過，然後又再出現，如此而已。」

對許仲濤來說，的確只是這樣。所謂的失蹤，也只是相對於不知道真相的人而已，當事人本身對一切都瞭然於心。

如果不是任篤傑當初無意間開始調查事件，那麼可能完全沒有人會在乎許仲濤是否失蹤吧。對許仲濤來說，既然沒有人關心，在哪裡其實都一樣。

「只是離開過又再回來，從結果來看也的確如此。你為什麼決定要接手李常德的工作？那不就違背你想要離開現實生活的想法了嗎？」

「一方面是覺得這個計畫雖然荒唐但是很有意思，另一方面也是因為覺得在哪裡其實都一樣。在這裡，或是在農場，並沒有差別。」

「你在農場裡改變了想法嗎？我還沒有問過你，當初為什麼要離開？」

「其實只是逃避現實而已。」

「這麼老實？」
許仲濤苦笑。
「事實就是如此。說再多也只是藉口罷了，簡單的講就是逃避現實。」
「應該不只如此吧。」
「不只如此嗎？」
許仲濤想了一下。
「還有就是缺乏目標吧。」
「目標？」
「不知道活著的意義在哪裡，不知道為什麼要活著。」
「這我倒是可以理解。」
「你應該看過很多這種人吧。」
「多到我都想吐了。」
任篤傑冷冷地說道，不過許仲濤倒是笑了出來。
「只是你還算年輕，並不是不能重新再來的年紀。」
「雖然那時候只是在逃避，但現在的我已經是重新再來了。」
「你看來氣色還不錯。」
「現在是還過得去，比以前好多了。」

雖然現在只是第二次見面，而且上一次還是在非常緊張的氛圍下，不過任篤傑還是看得出來，許仲濤跟那時不同了，神采奕奕，整個人充滿生氣。

他已經變得不一樣了。

「計畫進行得如何？」

「還沒有具體的成果，那畢竟是個瘋狂的計畫，未來會怎麼樣也沒人知道。」

「老實說我滿想看看放置心臟的地方是什麼樣子，只不過我並不想拋棄現在的生活，而且就算真的進去農場，也不見得看得到就是了。」

「你看過那個地方？」

「那不是一般人能夠進去的地方，我也是到最近才有辦法看到。」

「你沒看過吧。」許仲濤問道。

「沒有。我沒有資格可以進去農場。」

「其實你跟白筠玲周旋到底，最後也知道了所有的真相，我想她是有可能會破例讓你進去看的。」

「你倒是相當看得起我啊。」

「那是事實。你的事是她告訴我的，我想她對你的評價應該也很高。」

「真是受寵若驚。」

「說到心臟，其實那裡就是一間實驗室，並沒有什麼太特別的地方，雖然仔細看的話會覺得有點恐怖。」

「怎麼說？」

「放心臟的實驗室並不大，差不多三十坪左右吧。牆壁是純白色的，聽說是不希望被其他顏色干擾研究人員的觀測。那些心臟被放在透明的盒子裡，裡頭裝滿了液體。專業的東西我不懂，沒辦法告訴你那是什麼液體。」

「就算你說了專有名詞，我也聽不懂。多大的盒子？」

「盒子不大，只比心臟大了一點。在實驗室的中央有一個鐵架，裡頭裝置了維持生命的儀器。那些心臟就被放在層架上，正好位在人的視線高度，大概是為了方便觀察吧。心臟放在層架的外圍，一個接著一個，排成了四方形。

「實驗室的周圍牆壁前放了許多儀器，實驗的時候會將心臟從鐵架放到儀器上，之後再放回原位。心臟一直都在實驗室裡，所有的測試也都在裡面進行。如果需要進行不同的實驗，會將儀器拿到實驗室裡。不要將心臟移動到外頭，是最重要的原則。

「通常研究人員會待在隔壁的實驗室，兩間實驗室中間是大片的玻璃窗，可以讓人從隔壁就用肉眼看見裡面的情況，而不是一定要進到實驗室或是透過監視螢幕才能看到。」

「總共有幾個心臟？」

「目前是十二個。」

任篤傑推算了一下時間。從簡安世死亡到現在，已經超過了一年的時間。在一年內收集到十二個心臟，算是多還是少，他倒是沒有概念。

「你們對這個數量應該不滿意吧。」

「還在繼續努力中。」
「善良的人很不好找吧。」
「的確沒有那麼容易。」
「你們怎麼找的?有標準嗎?」
「我們有建立一個複雜的標準，從個人的性格到與外界的連繫，列出了幾百項的項目，當做評選的標準。」
「還真虧你們能夠列出這麼多項目。」
「列項目不難，難的是找到符合的人。」
「這倒也是。」
「因為才剛開始，訂出的標準是很嚴格的。說實在話，這個計畫本來就是異想天開，姑且不論善良的靈魂能不能影響環境，連善良的定義都很難定下了，更何況是找出這些人。如果有惡人的心臟混入其中，那麼實驗本身就可能被影響而不準確了。」
「所以你們用最嚴格的標準來找人?」
「剛開始是。為了不讓邪惡的靈魂有機會破壞實驗，所以目前選出來的，都是公認擁有善良靈魂的人。」
「是嗎?」
任篤傑雖然認為他們必定會用嚴格的標準來篩選，但卻又無法輕易相信，人的善惡有這麼容易被分辨。

「我只能說目前還在嘗試錯誤的階段，也許根據標準找出來的人其實並不善良，也許標準本身就是有問題的。不過如果不去做，就什麼進展都不會有，總是要先做了第一步，之後再來想辦法改進。」

如果他們有這樣的想法，那就沒問題了吧。可怕的不是做法有錯，而是完全相信做法是正確的而不去改進，那才是最糟糕的事。

「數量太少，能夠影響的範圍就有限吧。」

「實驗才剛開始，一切都還在觀察，所以我也沒辦法回答你這件事。影響的範圍和靈魂的數量有沒有直接關係，其實是很難說的。世界上總是有著影響力無遠弗屆的人，單憑個人的力量就能影響千千萬萬的人。」

「說的也是。不過話說回來，你覺得這個計畫能夠成功嗎？」

「我不知道。其實所有人都不知道。」

「是嗎？」

「我不是研究團隊的成員，只能知道一些皮毛而已。他們真正在做什麼，我沒有辦法回答。只是這個實驗本來就是瘋狂的，我們是在連前提是否正確都無法證明的情況下，就開始進行這項實驗。也就是說，如果心臟裡沒有靈魂，心臟無法發揮影響力，那麼整個實驗再怎麼進行都沒有用。」

「但就算如此，白筠玲還是決定要做？」

「是啊，就算不能確定前提是否正確，但仍然要做，做了才知道是不是正確的。」

「話說回來，雖然你從農場出來，接了李常德的工作，但你真的相信靈魂在心臟裡，而且可以影響其他人嗎？」

「老實說，我也覺得這個計畫很荒謬。」

「是嗎？」

「不過沒有人規定不能做荒謬的事，對吧。」

到頭來，任篤傑還是沒辦法親眼目睹，那個聚集了善良的心臟與靈魂的地方，究竟是什麼樣子，他也只能根據許仲濤的描述去想像。整齊排成一圈的心臟，與圍繞在外的靈魂，將他們所擁有的正向能量，不斷向外發送，感化那裡所有的人。

在聖靈守護之地，一切罪惡都將被淨化。

他不禁幻想著這個場景。

「只是來跟你打個招呼而已，不打擾了。」

「最後再問你一個問題，你有想過你是被那些心臟影響了嗎？」

「不，我不知道。」許仲濤笑著說道。

「下次一起喝一杯吧。」

「好啊。」

許仲濤點點頭，離開了。

任篤傑回想起當初開始調查事件的另一個原因。

許仲濤的家庭之所以會破碎，是因為車禍奪走了兒子的生命，也讓他的人生就此改變。而任篤傑也是，若不是他的妹妹因車禍變成植物人，他也不會辭職，變成現在這個樣子。有著類似遭遇的人，遇到了什麼事，為什麼會失蹤，他沒有辦法不去追查，也才會開始調查這個事件。

能夠意外遇到許仲濤，也算是有緣吧。因為一場車禍而失去一切的男人，現在看來過得還不錯的樣子，這讓任篤傑感到安心。

任篤傑繼續看著電視上的足球賽，看著酒吧裡的人們，看著外頭街道上來往的行人。他用右手撫著左胸，體內傳來心臟的跳動。

靈魂是否就在這裡，他無從得知。

但他希望有人可以繼承自己的靈魂，讓他能夠繼續守護重要的人。

這是他最真切的期望。

THE END

要推理19　PG1513

要有光
FIAT LUX

# 聖靈守護之地

| | |
|---|---|
| 作　　者 | 凌　徹 |
| 責任編輯 | 喬齊安 |
| 圖文排版 | 周政緯 |
| 封面設計 | 王嵩賀 |

| | |
|---|---|
| 出版策劃 | 要有光 |
| 製作發行 | 秀威資訊科技股份有限公司<br>114 台北市內湖區瑞光路76巷65號1樓<br>電話：+886-2-2796-3638　傳真：+886-2-2796-1377<br>服務信箱：service@showwe.com.tw<br>http://www.showwe.com.tw |
| 郵政劃撥 | 19563868　戶名：秀威資訊科技股份有限公司 |
| 展售門市 | 國家書店【松江門市】<br>104 台北市中山區松江路209號1樓<br>電話：+886-2-2518-0207　傳真：+886-2-2518-0778 |
| 網路訂購 | 秀威網路書店：http://www.bodbooks.com.tw<br>國家網路書店：http://www.govbooks.com.tw |
| 法律顧問 | 毛國樑　律師 |
| 總 經 銷 | 易可數位行銷股份有限公司<br>地址：231新北市新店區寶橋路235巷6弄3號5樓<br>電話：+886-2-8911-0825　傳真：+886-2-8911-0801<br>e-mail：book-info@ecorebooks.com<br>易可部落格：http://ecorebooks.pixnet.net/blog |

| | |
|---|---|
| 出版日期 | 2016年4月　BOD一版 |
| 定　　價 | 320元 |



**Printed in Taiwan**

國家圖書館出版品預行編目

聖靈守護之地 / 凌徹著. -- 一版. -- 臺北市 :
要有光, 2016.04
面； 公分
BOD版
ISBN 978-986-89954-8-2(平裝)

857.81 105000121

# 讀者回函卡

感謝您購買本書，為提升服務品質，請填妥以下資料，將讀者回函卡直接寄回或傳真本公司，收到您的寶貴意見後，我們會收藏記錄及檢討，謝謝！
如您需要了解本公司最新出版書目、購書優惠或企劃活動，歡迎您上網查詢或下載相關資料：http:// www.showwe.com.tw

您購買的書名：________________________________

出生日期：________年________月________日

學歷：□高中（含）以下　□大專　□研究所（含）以上

職業：□製造業　□金融業　□資訊業　□軍警　□傳播業　□自由業
　　　□服務業　□公務員　□教職　□學生　□家管　□其它____

購書地點：□網路書店　□實體書店　□書展　□郵購　□贈閱　□其他

您從何得知本書的消息？

□網路書店　□實體書店　□網路搜尋　□電子報　□書訊　□雜誌
□傳播媒體　□親友推薦　□網站推薦　□部落格　□其他________

您對本書的評價：（請填代號　1.非常滿意　2.滿意　3.尚可　4.再改進）

封面設計____　版面編排____　內容____　文／譯筆____　價格____

讀完書後您覺得：

□很有收穫　□有收穫　□收穫不多　□沒收穫

對我們的建議：________________________________

________________________________________

________________________________________

________________________________________

請貼
郵票

11466
台北市內湖區瑞光路 76 巷 65 號 1 樓
**秀威資訊科技股份有限公司** 收
BOD 數位出版事業部

（請沿線對折寄回，謝謝！）

姓　　名：________________　年齡：________　性別：□女　□男

郵遞區號：□□□□□

地　　址：________________________________

聯絡電話：(日)________________(夜)________________

E-mail：________________________________